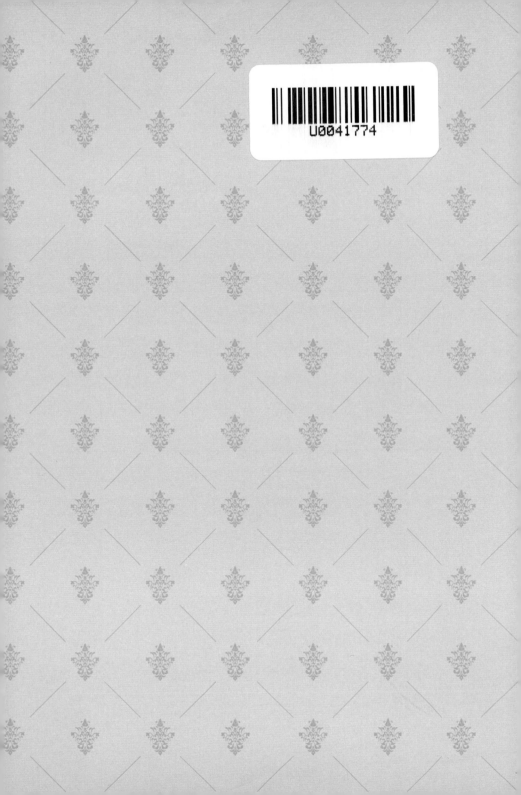

醫者慈悲心
對醫護者的佛法指引

MEDICINE & COMPASSION
A Tibetan Lama and an American Doctor on
How to Provide Care with Compassion and Wisdom

崔吉‧尼瑪仁波切 Chökyi Nyima Rinpoche、**大衛‧施林醫生** David R. Shlim M.D　著

妙琳法師　譯

各界讚譽

《醫者慈悲心》是對藏傳佛教的一個簡明介紹的佳作。它親民的英文敘述，解說了信仰系統的基礎，包括無常、執著、痛苦和空性的概念。書中有許多的慧見對護理人員而言彌足珍貴，其中述及西藏獨特文化傳統的部分也很有生趣。舉例來說，關於臨終的過程，它給了我們另一個概念世界戲劇性的一瞥——在西藏的信仰中，靈魂會經過不同的中陰境界，心最後在這個過程中轉生。令人歡喜的一本書。

——泰德・卡普察（Ted Kaptchuk）
效力於《新英格蘭醫藥雜誌》（*New England Journal of Medicine*）

對於確吉・尼瑪仁波切如此了解醫生們和病患關係的情緒挑戰，我驚訝不已。他一次又一次地證明了這點，真是絕妙無比！因為書中教法所帶來的法喜，因為作者清明的思考和清淨的心，我將繼續重讀這本書，這是一個非常有價值的讀物。

——喬・卡巴金（Jon Kabat-Zinn）
《多舛的生命》（*Full Catastrophe Living*）作者

《醫者慈悲心》一書對護理人員開展慈悲和發自內心最深處去幫助他人的技巧，提供了非常棒的指導。這是一本實用、易讀的必備書籍。

——朱迪斯・歐洛芙（Judith Orloff, MD）
《臣服的力量》（*The Ecstasy of Surrender*）作者

在《醫者慈悲心》這本書中，確吉・尼瑪針對為病人提供盡可能最好的照顧，結合了佛法對苦之見地的闡述和行持，給予了樸實的建議。將佛法的原理有趣地編撰到做為療癒的藝術裡，以及如何輔助病人走過臨終過程這樣的主題中。

——《佛法雜誌》（*Buddhadharma*）

這本書對於真心願意幫助病人和希望被照顧的人，而自己不想因此疲憊不堪的任何一位健康領域的工作者，有很大的價值。同時，對於曾經有上述願望、而想恢復深層次的愛心和慈悲的人士，有非常大的價值。另外，對於照顧臨終病患的人，更具有相當價值。這本書應該成為任何在健康領域從事教育，尤其是提供臨床護理人士的讀物。

——《旅行醫學雜誌》（*Journal of Travel Medicine*）

對於任何感覺自己同理心之泉不時會乾涸的醫生，《醫者慈悲心》充滿了他們需要的智慧。本書來自尼泊爾的西藏佛教僧侶和西方醫生大衛·施林的合作，因爲它公正地面對醫學界多年的挑戰之一，即是在智慧和慈悲層面如何成長，同時兼顧知識，以及帶著上述所有特質去照護病患而極受推崇。

——《臨床傳染病雜誌》（*Clinical Infectious Disease*）

本書簡介

　　本書《醫者慈悲心》是大衛・施林醫生（David R. Shlim, MD）和確吉・尼瑪仁波切（Chökyi Nyima Rinpoche）一個長期合作項目的一部分，爲的是幫助人們建立一個理念：慈悲可以被訓練而變得不費力，並帶給病患和醫護人員極大的利益。

　　若想跟施林醫生聯繫，或是獲得未來學習機會的資訊，你可以造訪醫者慈悲心網頁：www.medicineandcompassion.com

　　《醫者慈悲心》已被翻譯成德文、義大利文、西班牙文和加泰羅尼亞文。

目錄

概觀

實用建言

作者簡介

確吉・尼瑪仁波切（Chökyi Nyima Rinpoche）

　　尊貴的確吉・尼瑪仁波切，是當代著名的藏傳佛教上師和禪修大師。他一九五一年出生於西藏，是二十世紀藏傳佛教最為卓著的大圓滿成就者，是被喻為「眾師之師」的至尊祖古・烏金仁波切的長子。確吉・尼瑪仁波切出生後十八個月，被第十六世噶瑪巴認證為噶舉派大成就者——迦竹千大師的轉世，即古印度佛教哲學家龍樹菩薩之化身。

　　確吉・尼瑪仁波切自幼便在第十六世噶瑪巴、第二世敦珠法王、頂果欽哲仁波切、紐修堪仁波切以及父親祖古烏金仁波切等偉大上師的座下學習。一九七六年，年僅二十五歲的確吉・尼瑪仁波切被第十六世噶瑪巴任命為加德滿都噶甯謝珠林寺的住持。自上個世紀七十年代初，確吉・尼瑪仁波切與父親祖古・烏金仁波切一起開始展開全球弘法之旅，蓮足遍及歐美及亞洲等國，為數以萬計的信眾給予大圓滿和大手印的教授與灌頂，以無可比擬的慈悲與智慧，深受弟子們

的崇敬和愛戴。

一九七九年，確吉・尼瑪仁波切創辦讓炯耶喜佛學院，這是專為想要系統學習和修行佛法的國際學生所創立的一所高等教育機構。讓炯耶喜佛學院提供加德滿都大學的學士、碩士和博士學位，所頒發的文憑受到國際廣泛承認。迄今為止，佛學院培養了大量的佛典翻譯專業人才。同時，確吉・尼瑪仁波切還創立讓炯耶喜出版社，並已出版發行數百部當代藏傳佛教大師的論著，特別是有關大手印和大圓滿的著作。

近半個世紀以來，確吉・尼瑪仁波切在管理尼泊爾加德滿都噶甯謝珠林寺、納吉尼寺、帕平阿蘇拉山洞閉關中心的同時，還先後在美國、德國、奧地利、丹麥、英國、俄羅斯、法國、蘇格蘭、烏克蘭、以色列、墨西哥、馬來西亞、越南、加拿大等數十個國家設立禪修閉關中心，令佛法在西方得以廣弘。

確吉・尼瑪仁波切投入畢生精力，致力於弘揚及保存佛法；他擅長以精要、淺顯、幽默的方式，傳授佛法的核心要義、開啟眾生的本然覺性。時至今日，他依然孜孜不倦地往返於世界各地，親自主持佛學講座，帶領指導閉關和禪修，持續不懈地為大眾帶來智慧的啟發。

推薦序

「一名醫師應致力於帶著對人性尊嚴和權利的慈悲
和尊重,提供稱職的醫療服務。」
　　　　　——美國醫藥聯合會醫務道德準則第一條原則

　　每一個醫生都知道如何在技術上是「稱職」的:學會更
多先進及最新的科學理論,成功地配藥和進行療程。然而,
有多少醫生對於如何更「慈悲」的認識是什麼呢?是否有
一些醫生比另一些更傾向於慈悲?這是因為他們生來如此
嗎?你能夠透過像學習醫藥配方所需的知識和技巧同樣的
方式去發展慈悲嗎?

　　這本傑出的書在其命題中就清楚地回答了:正直、負責
的醫生能夠學習慈悲。那是能做到的——這位卓越的美國醫
生大衛‧施林就是如此。更重要的是,他與合著本書的藏傳
佛教上師確吉‧尼瑪仁波切講述了你如何也能做到。他們所

闡述的醫學中的慈悲，來自他們二十年的相識，並源於藏傳佛教的教義。不過，如果認為只有信奉佛教的人才能從閱讀、思考本書的要點並依此落實在行動之中獲益，那就錯了，這本書超越了任何哲理陳述，為在尋求變得更慈悲的人提供了實用的指導。

米開朗基羅的雕刻以去除多餘的部分將大理石裡的人物解放出來被稱頌；同理，確吉‧尼瑪仁波切教導我們慈悲就存在於每個人的內在之中，透過去除遮蔽它的貪欲、憤怒和無明，就可以展現出來。這需要精進，以及技術上的熟練，但慈悲本身並不是一個技巧，在做一個完整、理解和開放的人的同時，慈悲也就會生起。在當代心理學名詞中，專注於開展慈悲的意圖所利用的，是認知和諧的原則。具備了開發自己慈悲的知識，並依此認知採取行動，你將這樣的感受帶入自己的工作和生活，從而，你個人的成長和職業發展深度將並肩進展。

心的特質促進了慈悲 —— 容忍不確定、每時每刻的覺知、對新事物的開放，與此相同的特質也能夠帶來更好的、冷靜的決策判斷。慈悲能增進能力的提升。慈悲的醫生在全

力運用他們專業知識去療治病患的同時，也更專注於病人的真正所需。如此，慈悲直接表現為「以病患為中心」的照顧，這是高素質健康看護的關鍵組成部分。的確，這個概念在二○○一年醫療學院（Institute of Medicine）的報告《跨越素質裂痕：21世紀的健康新體系》中被認為是一個主要素質的衡量範圍。

　　《醫者慈悲心》這本書提醒我們：一名有慈悲的醫生比沒有慈悲的醫生，有更好的應對能力。慈悲不只是對病患有更好的照顧，它也能加強醫生處理罹患絕症、有高要求或受挫折病患等困難醫療狀況的能力。增強我們的慈悲也提醒我們思考很多人選擇醫療行業的動機，面對當今醫生肩負的眾多要求，這樣的提醒比過去都更受歡迎。

哈維・費伯格博士

（Harvey V. Fineberg, MD, PhD）

華盛頓國家學術院醫藥學院主席

唐納德・費伯格博士

（Donald E. Fineberg, MD）

心理醫生／聖達菲，新墨西哥州

序言

　　這本書的目的是探索如何將慈悲和醫療結合起來。我們如何將這兩個元素最佳地結合？這會帶來什麼價值？慈悲是一種態度，一種滿足他人需要的方式。人們在各自的生活中發展出了很多不同的態度，但是這個被我們稱爲慈悲的態度是最崇高、對他人最有利益的。慈悲的重要性這個事實，是被普遍接受的。確認慈悲的價值，跟你是否認爲自己有靈性追求，或你是否跟隨任何宗教，都沒有顯著的關係。

　　在佛法教義中，慈悲的修持尤其被重視，佛法教導認爲它是「珍貴、仁慈的覺醒之心態」。這樣一個珍貴的覺醒心態，表現在自身是幫助他人的一種慈愛、關照和悲憫的意願。如今的世界看起來充滿競爭，嘗試培養這樣的慈愛和悲心，是否還有實際的意義呢？精明的作法似乎是單純考慮你自己或你身邊最親近的人的利益就好。不過，如果思考一下，今天世界的狀況 —— 所有的衝突，卻是讓慈悲的學習和修持變

得更為緊迫的原因。增進和平和幸福的主要因素即是慈悲。

我的弟子大衛・施林醫生禪修和學法多年，他思考分享自己所學會帶來利益，他認為：「我是一名醫生，很多醫生也有跟我相同的感受。我們樂意服務他人，我們也想要開展慈心。關於慈心和悲心的教法，清楚完美地包含在佛教的教義中。」他這樣思考了很長一段時間，並一直問我：「我希望您能特別對醫務專業人士給予有關醫療和慈悲的教法，有一天您是否能這樣做呢？」

我理解這個主題對醫生們很重要，因此，我安排出時間來完成這件事。能夠對你產生多大幫助，我無法預測。但我很高興你努力把這本書拿到手，那麼是什麼原因讓你讀這本書呢？你自然而然對你照顧的人感到慈愛，你也想從自他的內在開展出慈悲 —— 這將是你想要讀一本關於醫療與慈悲的書非常、非常重要的理由。

我祈願你能快樂、健康，你的智慧和慈愛像月相般漸盈。這是我的願望和祈願。

確吉・尼瑪仁波切

前言

　　慈悲是醫生職業生涯的面相之一，這被認為是理所當然的；然而我們在訓練過程中並沒有投入很多時間有目的地思考如何去培養慈悲心。當置身在照顧一連串不停息的病者、傷者和體弱者的忙亂中時，哪怕最盡職、最精力充沛的住院醫師，也會很快發現對自己服務的病人保持同理心的能力真的很有限。我們察覺到提供慈悲的關照能力有限，而面對這些限制可能讓人感到沮喪和難過。我相信，這就是為什麼當醫務圈在談及慈悲時，都針對它的限制──疲於慈悲、對它筋疲力盡，以及過度照顧的危險。我們主要的慈悲模式顯示出這是一個有限的資源：如果我們不謹慎，便會有耗盡慈悲的危險。

　　一般說來，隨著我們職業生涯的開展，我們會穩定地提升行醫的技術。但對於慈悲而言並非如此，似乎我們的行醫看診在繼續開展，但慈悲卻感覺減弱了。慈悲經常像是一個

神秘禮物——有的人看似比其他人自然具足更多，而甚至這些稟賦很高的醫生在過度使用他們的才能時，也會有筋疲力盡的危險。甚至最仁慈的醫生們對待慈悲，也像是取用來自儲備電池的有限資源，因此要用量節約、適度。我們希望能把慈悲當作行醫中的一個有用的技巧，但我們知道自己不能期待它始終不會用盡地持續「開著」。偶爾度個假會幫助我們補充內在儲備，並在這行堅持下去。但事情必須是這樣嗎？

一九八四年，當我在尼泊爾加德滿都居住並行醫時，我把禪修做為一種對付情緒壓力的方式。當時我的流動診所每年要忙於為二千五百名外籍人士服務，並為四十萬當地遊客提供緊急醫療援助。時常存在的壓力來自忙碌的一天二十四小時診療，還外加徵用醫生、續簽簽證、進口供給物資、安排撤離，以及在一個發展中國家籌足經費所帶來的壓力。儘管我運用了禪修來面對個人的壓力，但隨著修持的開展，我驚奇地發現自己做為一名醫生的心態也在改變。我能夠對病人的問題抱以更開放的態度，為他們診治時也更有方法，並且能更堅持地以慈愛對待他們。

　　沒有在持續的緊繃之中磨損自己，我的內心反而更加強大了。我對幫助他人的動機增強，而我發覺這個改變跟我學習和修持藏傳佛法有直接關係。我認為那真是非常棒，我在整個職業生涯中都一直尋找著跟它類似的東西！當時我跟隨上師確吉‧尼瑪仁波切學習，他告訴我這些變化不過是運用正確方式學習和修持之後，自然而然的結果。

　　當我繼續跟隨仁波切學習，當我們誠摯親切地向他祈請，我學到藏傳佛教特別注重慈悲，並形成了一套精深、條理清晰的教程，提供給希望開展和加強這些特質的學生。把慈悲認定為整個藏傳佛教修持的核心，可能會引起爭議。藏傳佛教獨一無二的見地，是它認為慈悲是我們真實自性的展現；也就是說，當我們發掘慈悲並加以培養，它便能夠無限度地遞增。換句話說，我們能發展出真實和無量的慈悲，是透過向表層之下去探究——分析我們生命的本質，我們對世界的念頭和感知之間的關係，痛苦的本質以及如何真正緩解它。如同仁波切所說：真正的修行人是「努力見到事物真正為何，而非看起來像什麼」的人。

　　夢想著能夠與西方醫護者分享仁波切的方法多年之後，

我終於成功地在懷俄明的傑克森霍爾舉辦和主持了關於醫療和慈悲的兩場會議。在這兩場分別在二〇〇〇年和二〇〇二年舉辦的會議後，誕生了《醫者慈悲心》這本書，確吉‧尼瑪仁波切在會議中近三十小時的發言，經過謄寫和編輯，收錄在本書之中。

《醫者慈悲心》挑戰了對慈悲通常的看法：慈悲是有限的、情緒上費力的、易耗盡的，轉變為開展平衡良好、充分強大地支持行醫診療和更廣泛的醫護工作的一種健康的慈悲——有著西藏佛教深厚根基的方法。我們都共有一個深入自己內在的意識，它的基礎就是本然、甚深的慈悲與智慧。我們一輩子都沒有清楚地經驗到慈悲和智慧，是因為我們基礎的本質被念頭的習氣所遮蔽了。但這些習氣，如同其他任何習氣，可以透過努力而改變。本書所包含的訓練之目的，就在於幫助我們放下對我們自己念頭的執著，由此我們本具的智慧和慈悲便能以一種甚深、穩定及不費力的方式顯耀出來。

要從本書的建言中獲益，並不必成為佛教徒。這裡的慈悲修持是以探索我們的心與我們周圍外在世界的關係來呈

現 —— 任何人都能做的一種方式，無論他們信仰爲何。確吉‧尼瑪仁波切在本書中的話語表述直接了當，是原始資料口傳特質的成果；閱讀這些教言感覺就像直接在一位慈悲的西藏上師面前聆聽教法。我利用再版的機會，用「學修指導」的形式增補了仁波切的指引教法，凸顯每一章的關鍵要點，並解釋了隨著書中內容的開展，這些概念應如何相互搭配。儘管《醫者慈悲心》避免運用太多佛法專業術語，使其易於閱讀，但書中陳述的內容跟佛法經教一樣淵博甚深。

　　對於我的上師們，尤其是確吉‧尼瑪仁波切以及他的父親（我主要的禪修親教師）上一世的祖古‧烏金仁波切，我虧欠他們太多。我跌跌撞撞來到這個世間，竟然如此地幸運，我深切的祈願是有緣讀到確吉‧尼瑪仁波切爲利益醫護人員和他們照顧的對象而慈悲開示法教的人，也能獲得同樣希望和滿足的感受。

大衛‧施林醫生

致謝

　　我想感謝確吉・尼瑪仁波切始終對此書給予的支持。我對他的感恩溢於言表。他在過去三十年之中，充滿耐心地和我分享關於心識和慈悲的洞見。在我的請求下，不顧繁忙緊湊的行程，他毫不猶豫地為醫務專業人士教授了一個課程。對於撥出時間來為醫護人員授課，仁波切的理由是感覺自己教授了相對一群少數人，他們可能從中受到啟發，從而幫助緩解千百人的痛苦。

　　同時我還要感謝艾力克・海恩・施密特，他以艾力克・貝瑪・昆桑的筆名翻譯藏文教法。以藏文教授的那些最善巧和偉大的教法，如果沒有技巧成熟的譯者的幫助，對於英文人士而言將無從產生價值。艾力克是當今世界最傑出和多產的譯著者之一，透過他，藏傳佛法的慧見傳遍了世界。

　　我也要感謝「智慧出版社」，為它能看到這本書將藏傳佛法教理帶入行醫領域，為醫護人員為自利利他而培養自己

的悲心的重要性。

　　當出生於西藏，並在那裡接受訓練的眾多藏傳佛教大師們還健在時，我非常幸運能在那期間旅居於尼泊爾。他們之中包含上一世紀最偉大的禪修大師，如祖古・烏金仁波切、頂果・欽哲仁波切、確傑・崔欽仁波切，以及其他眾多上師。如果不是因為有他們那樣純熟於教法並給予活生生的實例的人，這本書將只會是理論。

　　　　　　　　　　　　　　大衛・施林醫生

概觀

1 人之本性

在過去兩百年間，世界因為科學的發展而看似完全改變了。現在人們能夠在很短時間，去很遠的地方旅行。醫療診治手段也獲益於科學發明，手術的進步日新月異，在過去不可能療治的疾病，現在能夠被治癒。如果幾世紀之前的人突然間來到我們當今這個時代，他們會認為這些現代發明是魔術表演。

儘管這些進步當中很多都是正向和有幫助的，但有些發展卻是令人驚恐、有破壞性的。歷史上發生過很多絕滅種族的事件，而原子彈和生物恐怖襲擊的威脅依然存在。良善與邪惡似乎同時在興盛，我們需要探究一下，這是為什麼。

我們所經歷過有幫助、正向的發展，都來源於人類的智力。沒有哪一個發明是從天而降，科技發展不是由上天造就的，也不是魔鬼把它們毀滅性的用途創造出來的。有人說，

所有的良善都是上帝的創造；同時，世界上一切有傷害、侵略性的活動，都是魔鬼的招術。依我看來，並非如此。

人類文明之中有益處和正向的發展，是人類智力創造性的產物。同樣，破壞性的發明也來自人心。如果我們仔細檢視任何一個人的個性，我們總是可以發現某些良善和正向的特質。如果我們更進一步仔細去看，會發現這些慈悲的特質是與生俱來的——它們在每個人的心中本然現前。對某些人來說，這樣的感受或許只是個微小的種子，但它們還是存在的。

同時，大部分人類也有著強勢和傾向於惡劣的一面。如果我們問：「這個人的本質是什麼？」答案是，每個人都混合了正、負兩面的特質。我們有時候的經驗是自然感受到對他人的慈悲，而有時候我們感到的是自私和憤怒。

任何有能力經驗各種感受的生命，就叫作有情眾生。能夠經驗感受的基礎特質，對我們每個人來說都是完全相同的。用一個比喻：我們會說我們的基礎自性就像水。水本具的特性就是濕潤，有可能找到不濕的水嗎？不是液體的水？如果你真的找到乾的水，那就不再叫作「水」了。另外，純

淨的水看起來清澈透亮，但我們有時遇到的水卻是褐黃色、泥漿一般的，當水混了塵土，就顯得泥濘，但清淨的水仍然還在，如果我們過濾掉塵土，還是會得到完全清澈的水。我們自己的內在也一樣，本質自性是非常清明和乾淨的，但它看起來很混濁。水是一個常用的例子，因為我們都很熟悉水的特質。

我們可以運用例子來結合它的內涵意義。就像水做為本來清澈的液體有這些特質，我們本然自性（在佛法教理中稱為心）有著慈悲的特性。當我們通常會接受：這對於人類來說確實如此，但我們可能不認為其他有情生命也具備這樣的特質。然而，就算是我們能聯想到的最暴躁、兇殘的動物，如老虎、豹子，也必然有牠們關照的對象，有牠們開心見到、疼愛和保護的對象。或許你看過影片中的母老虎和母豹子，牠們溫和地對待自己的幼崽，並教牠們如何照顧自己、在野外求生。如果我們仔細去觀察，會看到一切有情生命都在一定程度上展現著慈悲的能力。

慈悲的能力與智慧的能力相輔相成，我們本質自性的這兩個面向，有著不可思議的力量和巨大的潛能。人類智力可

以帶來卓越的利益，它發現了對疾病的療治方法，以及防止百萬人受感染的疫苗。醫生們現在有能力用顯微鏡和成像設備在人體內進行檢查，而無需採取令人痛苦的開刀手術，便能治癒病患。

　　還有其他有用的發明，比如說能承載四百人飛越天空的機器。在同一時間，有的乘客在進食，有的在聊天，有的在睡覺，而有的坐在馬桶上。他們一起、在一天之內，從一個叫做東方的地方飛到另一個叫做西方的地方。眞是不可思議啊！是什麼讓這個成爲可能的呢？電腦沒有想出這樣的發明，它們也不是上帝從天上遞過來的餽贈。人類智力（用在有益之處）能夠產生出這麼有益的發明。

　　人類智力是這些科技奇蹟的創造者。這個事實被廣泛承認，而它也引領到很多興趣和設備的開發，使年輕一代的人類可以發展他們的智力。西方文化尤其在這類智力方面很發達，並產生出更加精密複雜的物質用品。但另一些人類心識的面相，如慈悲的能力和與之並行的特質呢？對這些特質的興趣似乎少了很多，而極少的設備是爲了增進人類慈悲而建立的。

慈心是永恆快樂的因

如果我們能夠在智力開發和慈愛悲心的這兩方面取得更好的平衡，這個世界會更加和諧，更加和平。我感到這是在當前這個時代重要的 —— 投入更多努力去有系統地發展慈心和悲心。當然，開展慈悲心始終都是重要的，但當前更加重要。如果我們慈悲心的開展能和科技發展達到同樣水準，整個世界人類將獲得無量的利益。

悲心是一種希望解除他人痛苦的誠摯願望。渴望減輕他人的痛苦，不只包括他人現在經歷的不舒服，還包括他們痛苦的因，造成他們不安適的潛在原因。這樣希望讓他人感覺好一些，不再痛苦的真正渴望，就是悲心的全部內容。

同樣地，慈心是希望他人具足快樂以及快樂的因。它是為他人的安樂祈願，你不只是希望他人暫時快樂一些，你也希望他們得到持續快樂的因素。

慈心和悲心是導向他人的感受。對於我們認識和喜愛的人生起慈愛和悲心，感覺起來很自然，比如對待我們的好友、孩子或父母。對於我們不認識，過去沒有打過交道的人

感到慈愛和悲心，是比較困難的。而對於曾經給我們造成某些傷害，或是明顯不喜歡、批評我們的人，要自然以慈愛和悲心對待他們，就更加困難。

你可能在生活中遇到過當眾說你壞話的人，或是在你背後挖你牆角的人。這個人也許曾經粗魯地對待你，或說過無情、傷害性的話。要以慈悲心對待這樣的人，是難以想像的困難。佛陀曾經說過，我們設定的修持目標是慈悲心沒有界限，不僅限於我們已經認識和喜愛的人。然而，我們已經發現這種無量的慈悲並不會自然產生。除非我們訓練自己，除非我們讓自己的心放在那個狀態，否則它不會開展。我們需要訓練開展我們的慈心和悲心，使它最終能沒有任何偏見或限度地自己展現出來。

這樣一種心態可能看起來是沒辦法達到的；但做為佛法教導的關鍵元素，達到這個目的是可能的。佛陀教導我們應該嘗試達到一種心的狀態 ——「悲智雙運」。儘管「空性」是最通常的翻譯，我們還是可以用「開放」這個詞來替代空性：發展充滿悲心的開放感受。對一些人來說，這也許聽起來有點奇怪，然而對其他人，這可能相對容易理解。這個概

念在本書後面章節會詳細解說，現在只要單純認識到我們不是在談一個宗教賦予的特質，空性是我們究竟的本質自性。

對於在尋找慈悲修持的人，意願和動機居於重要性的中心點。我們的意願越清淨、崇高和廣大，效果就越佳。當我們開始對他人表達自己的意願，我們可能無法在廣大的層面想像出如何實際地幫助他人。然而，單純祈願自己能幫助他人，無論有多少，祈願遲早會實現。單純是發願或祈禱：「願我能幫助眾多人群——不只人類，還有一切的生命。」你最終將會成功。很不幸地，發惡願也同理。如果你很長時間把持著一個惡願，並持續將它擴大成一個很大的願望，比如說：「願我真正大規模地傷害很多人。」那你肯定在某個時候就能這麼做。

與人為善的心態能緩和其他生命的痛苦，而一種惡毒不善的心態能造成巨大的痛苦。因為你現在就在讀這本書，我想你應該對減輕痛苦有興趣。為了能減輕痛苦，並避免造成痛苦，我們需要更細緻地觀察痛苦的因。

學修指導 1

- 人類的心能製造美妙和糟糕的兩種事物：良善與邪惡的兩種潛力都共存於我們的內在。在一開始就值得我們去思考這一本質自性。我們能夠滋養並擴展自己良善的特質嗎？我們能減少，並最終消除自己壞的特質嗎？

- 這一章所介紹的基本前提是指我們實際的心之本質自身是良善的，但是心的這個特質經常被我們念頭的習性所遮蔽。

- 以此見解，悲心被認為是我們存在的本然狀態；它與我們的根本覺性無二無別。因此，增加某人的慈悲能力所做的，並不是把慈悲建立起來，而是削弱並揭開遮蔽我們本具悲心的念頭習氣。

- 但我們將不會只是簡單想一想，就能獲得我們本具的悲心。我們必須學習獲得持久悲心的技巧，接著努力把它們付諸練習。帶著為緩解他人痛苦的基本動機，我們為了展開和保持不費力的慈悲，而準備好開始進行特殊的修持。

2 造成痛苦之因

　　做為人類，特定的幾類痛苦對我們來說在所難免，從我們出生那時開始。出生，對孩子或母親來說，都不是件簡單事，對母子兩人都有可能是難以想像的痛苦和危險。如果我們幸運地在出生和童年階段存活下來，並且長大成人，那麼下一個問題就是衰老。衰老的過程可能不太舒服。當身體慢慢老化，並開始失去一些能力和活力，我們一開始是逐漸有感受，但當我們真的老了，那會很糟糕。那時，我們會認識到自己不再能享受一切活動，除此之外可能還有持續的不舒服或疼痛的折磨。

　　接著是病痛。輕微的小病，我們能夠忍受，它會帶來不適，但還行。然而，如果是重病，就非常難以忍受。不過，如果病能治好，那也不太壞，還是比無法醫治的重病好一些。但如果你的病是永不會消失的呢？那可能很難受。這就

把我們帶到第四個問題——在某一刻死亡。但死亡不會總是在漫長的患病之後，或年事已高的時候才會到來，死亡會在我們生命中任何一刻、不帶警告地出現。死期不定，但確定的是我們總有一天會死，確切什麼時候，以及我們死亡的原因，都不確定。一切人類都共同擁有這四個問題：生、老、病、死。

人類還會經驗到其他類型的痛苦。無論這個人是富有或貧窮、年長或年輕，始終有那麼一點不適意或不滿足存在著。不適意是來自「我沒有得到我想要的」的感覺。每個人都有各自的渴望，可能是一個主要的渴望或很多微小的渴望，欲望經常一個接一個出現，就像水面的漣漪。好笑的是，即便你得到自己所期盼的，另一個欲望又跳了出來，那才是問題所在。它是個很大的問題。

當你開始渴望著某個事物，那表示你還沒得到它。當你追逐這個欲望時，會有一種持續的不滿足感，你期待並希望某些還未發生之事能發生。而當你最終能得到自己想要的，卻發現它不完全跟你的期望相符合。有沒有可能因為我們得到了自己想要的東西而永遠滿足呢？那就是問題，這樣無

止境的欲望與失望的循環讓人不快樂，它本身也就是痛苦的因。

痛苦可能來自於一種持續的感覺或擔憂——認為自己所擁有的不夠好。我們無法對自己所擁有的帶著歡喜，而一直聚焦在自己沒有的。只要我們讓自己專注在這點上，我們就永遠不會感覺輕鬆。我們沒辦法說：「這很好，我很滿意。」

如果我們不訓練自己放鬆一些，我們始終不會快樂。我們永遠無法輕鬆，即使外在可能看起來我們擁有了幸福的人生。我們可能看著某些住在豪華住宅區，吃著精緻食物的人，認為他們肯定很快樂。但如果我們觀察這些人的內心，可能會看到他們並不真正能欣賞人生，舒適和享樂並沒消除潛在的不滿足。如果不能真正讓你滿足，那即使擁有了無可比擬的財富和整座大山，又有什麼用呢？我們需要直面這種不滿足的感受；為了能夠欣賞自己所擁有的，接受一些教育是必要的。目的是為了能滿足，為了享有人生。

每個人自然而然都努力獲得健康和快樂，這本身並不是問題。問題在於我們經常往錯誤的方向去尋找滿足的目標，

正如我前面指出的，只是獲取越來越多的物質事物，並不能解決問題。那如何可以做到呢？我們需要去觀察。

在一開始，我們可能會問：「是誰想要感到喜樂、感到滿足？」實際上是什麼在經驗我們試圖獲得的喜悅或快樂？是我們的心。我們的心在任何放鬆的時候、帶著感激的時候，我們任何看到、聽到、嗅到和觸碰到的，都是好的。它們感覺起來就是完美的。

相反地，便是當我們的心有困擾（生氣、害怕、驕傲或嫉妒）的時候。當我們的情緒處於混亂當中，這其中就是我們所說的痛苦。當我們經驗著強烈的情緒，我們就不會感知任何事物是好的，無論它實際上多麼好。我們身邊的對境不再讓人愉悅，聲音聽起來很刺激，甚至最昂貴的香水也完全沒有吸引力；最精緻的義大利、法國或中式料理，看起來都讓人沒有食欲，即使你在進餐，也食之無味。最重要的是當我們的心境是負面的，一切就都改變了。

心態決定一切

為什麼會如此？外在對境：我們所見、所聞、所嗅、所

嘗等等，變化了嗎？一般看起來彷彿是那樣。如果它們確實改變了，那我們就不能指責自己的情緒狀態，而會指責對境本身，我們會說感覺很糟並不是我們自己的錯。然而，事物它們本身並沒有改變。當心受到情緒干擾，我們便對一切都感覺不開心，我們心的狀態製造了差別。相反的情況也如此，你感覺周圍都是愉悅開心的，那是因爲你的心是放鬆，並能欣賞一切的。如果你不培養欣賞的能力，那無論你周圍事物多麼精美，也無濟於事。

一旦我們認識到痛苦是源自我們的心態，我們就能夠開始了解很多不同類型、在不同層次上的痛苦。對於疾病，有的可以治癒，有的不能。但是，情緒上對病痛的感覺輕鬆，就一定能被療癒，如果我們知道正確的方法，並智慧地運用這些方法。以佛教的見地來看，各種心理層面的痛苦，以及究竟上的生理痛苦，都可以追溯到唯一一個原因，一般翻譯爲「無明」（ignorance）。這對你來說可能有點好笑：無明是身體的疾病與心的問題之根。事實上，它是一個極有深度的論點。

無明的字面意思是「不知道」。需要知道的是什麼？我

們需要有能力認識出我們的本質自性 —— 那根本的、不受條件約束的狀態,就潛在於意識的每一刻之中。無論本質如何,都不源自宗教或哲學,單純就是如是。知道本然的狀態,不是一個心的架構,不是一個感知的模式。事實上,我們的本質自性根本是超越了概念的。因為沒有概念,於是就沒有了情緒干擾生起的平台或根基。

比如說我們能經驗和認出我們的本質自性,我們還是會有一個以骨骼、血肉等等組成的身軀。認出和經驗到我們的本質自性,並從任何概念性心態中解脫,是否就意味著我們不會再生病?不是的。讓我們現在的色身生病的因緣條件仍然還存在,但通常跟疾病相關的情緒或心理層面的痛苦就已經消融了,疼痛不會太劇烈,痛苦也不再難以抗拒。

另一個用來描述自然狀態的覺知的,叫做「本然心」(natural mind)。當我們能夠認識出本然心,對生理疼痛的感知就不再是同樣的方式。疾病還是會帶來傷痛,但不會有多麼了不起,不會有巨大的焦慮重負 —— 我們只是帶著關注。當然你還是在感覺和留意,但不會讓你難以承受,它沒有過去所感受的那麼強烈。對於逐漸能認識出自己本然心的

人，這是可能出現的情況。

讓我們檢視一下相反的狀況。想像一個人無法擺脫「我生病了，太可怕了。我要死了」這些念頭。當然這個人身體是病了，但感覺無助和恐慌是在病痛之上的心理建構。

讓疾病不可忍受的，是心態。甚至當一個人並沒有在應付身體疾病，但焦慮和恐懼已經超出比例地放大了很多倍。這可能跟我們生活實際上有什麼不對、發生了什麼並無關係。儘管我們所恐懼的可能根本不會發生，我們還是太過擔心，以至於恐懼本身變得難以忍受。如果出現一個感覺上更嚴重的擔憂，前面的問題就被遺忘了，新的問題成為首要，我們的態度製造了痛苦的感受，我們可以保持不把痛苦變得舉足輕重的一種態度。另一種態度可能是，即便它其實微不足道，我們也把它變成巨大的問題，那樣的話，我們誇大的問題就幾乎讓人難以承受。因此，一切都取決於態度。

在這點上，醫務專業人士能夠真正有所助益。你可以鼓勵病患把一個確實很負面的態度轉換為更正向的、接受的態度。你可以根據具體情況去鼓勵病患：「要有勇氣，我們盡力而為。你會沒事的。我們可以處理。不要讓自己情緒低

落，我們在嘗試對症下藥。」因爲病患如果心理上已經放棄，治療就會更加困難。即使藥物用對了，醫生也醫術頗佳，但對感覺一切都沒希望的人，治療不會非常有效。心理放棄會影響身體，重要的是讓病患保持希望，讓他們想到：「我想要很快好起來，我的確想要活下去。我不想跟疾病對抗。我想要治癒。」這類的動機有很多力量，它會影響身體，如果一個人內心有力量，就會讓身體更強壯，也會令藥物更有效。

這本書的目的不僅僅是強調慈悲的重要性。我認爲你已經對此有認識了，否則你不會選擇讀我所講的這些。我們需要做的是如何實際做到更加慈悲。我們知道慈悲是重要的，但是我們如何實際地讓它更輕而易舉得到？第一步首先是眞正地認識苦，教導自己關於病痛的感受。人類會痛苦，生存、變老和死亡，不是一個無痛過程。痛苦又有很多種類，包括生理和心理兩方面，只是提供醫療知識並不能完全解除很多病患經歷的痛苦感受。

如果我們能夠從自身體驗來了解生病和病痛的感受如何，那會更容易體會他人的痛苦。然而，事實上很多醫生自

己的經歷大部分是健康良好的狀況。如果你自己沒有經驗過重大疾病，你仍然可以去想像它的感受。如果你對病患心理和情緒的經驗無法更加敏銳，你就會只專注物理機能上的病症。病痛包含了疾病和人們對自己身體的反應這兩個方面，因此，變得更慈悲的第一步，是學習認識病苦的感受如何。一旦我們真正理解經歷生病（其中參雜的煩惱、痛苦）是怎樣的，我們就能夠自然回應減輕痛苦的願望。慈悲，如我之前所述，是消除痛苦的一種願望。變得更加慈悲的開頭幾步之一，是清楚地理解痛苦的本質。

學修指導 2

- 我們可以將痛苦思考為像生一場病：為了要治癒一個疾病（痛苦），我們首先需要知道它的成因，然後再相應地運用對治法，以除去其成因。

- 一些痛苦之因建立在我們的存在上——出生時的痛苦、生理上的疼痛、衰老帶來的疼痛，以及疾病和死亡的痛苦。但同時還有微細形式的痛苦——基於潛在的希望和恐懼，讓我們持續感到不滿足。

- 我們所有的痛苦究竟上都基於無明，也就是「不明瞭我們的真實自性」。我們生活中經常存在的一種細微的不安之感，是源於我們形成和執著自己妄念的方式。

- 有些疾病能夠被治癒，有些不能。但是，如果我們知道正確的方法，並智慧地運用這些方法讓情緒對病痛感覺輕鬆，就總是能被療癒。

3 病患在尋找什麼

　　如果我們關注病痛的人對護理人員的感受，那麼修持慈悲心態的利益就會變得更加清晰。當一個人在疼痛時，護理人員和病患連結所用的眼神、談話和行為都是有力的影響。在這樣的情形之下，如果護理人員特別和藹善意，將會造成巨大的不同。

　　當一個人生病時，無論痛苦主要來自身體或主要因為心理因素，他們從哪裡能得到幫助？他們去找醫療專業人士。他們選擇醫療專業人士，是因為他們感到醫生或護士最有可能幫到他們。當病患的病情嚴重時，身體的狀況可能因為太多焦慮和恐懼而惡化。他們對醫生能給予的幫助產生很大的期待，然而與期待相對的，是恐懼於醫生也無能為力，他的情況或許沒有好轉的希望。

　　當這樣的病患遇到的一位醫生或護士確實很關注並能展

現出他們的關心時，會帶來很大的不同。如果你是一位護理人員，你應該試著表達「我真的很關心你。我會盡我所能，而不只是根據診斷和療程來給你進行治療。我不會只用你來證明我的醫術。如果有什麼我不知道的，我不會害怕去請教他人。我們有各種各樣的醫療資源：醫生、書籍、護士。我會以你的利益為考量，去採取一切必要的方法」，以此讓病人安心。如果病人感受到有人真正關心並想幫助他們，他們的恐懼會減少。他們會感到有希望，會更接受治療，因為他們對醫護人員有了信任。這樣一來，真正的關心和慈悲有著巨大的差別。

　　疾病是我們最關心的事。因為每個人都會生病，所以醫生對很多人來說至關重要。這不只是理論上的關注。事實上，沒有哪一種擔憂，比對疾病和死亡的恐懼更加嚴重。當某人確實生病了，有人能消除他對疾病或死亡的恐懼，那將是最大的幫助。這是幫助他人最好的方式。

　　儘管醫療是一個龐大的學科，但大體上來說，醫生仍然掌握了其中絕大部分的內容。之後，這些知識運用於幫助他人。這對於臨終的人，能提供最好的協助，因為他們常常是

最痛苦的。當醫生以慈愛和關心的態度開藥方，或實施手術，或是幫助臨終病患，病患能感受到醫生的慈悲。這給予病患極大的舒緩，將在病患內心深處帶來安撫，並幫助他減輕心理上的焦慮和痛苦。

　　一個人從出生那一刻開始，生病或死亡的危險就無時不在。這種持續存在的不確定性，連帶我們實際上在生活中病過很多次的事實，證實了醫生的重要性。生病和死亡如此常見，因而醫生始終有工作要做。事實上，醫生到後來可能會照顧太多病患而感到壓力沉重。他們需要處理很多痛苦的狀況——如此多的人在病苦和臨終。當人在重病時，他們希望的主要對境就是醫生。如果有人帶著宗教信仰，他們可能會向上帝禱告，但他們眼前的希望之源是醫生。這是病患所認為的。生病的人可能會感覺醫生像他們的父親或母親——能夠拯救他們，照顧他們直到恢復如初。病患會突然間感覺自己掉進了孩子的角色，而醫生成了家長，病患把他們的信任投注在一處——醫生。

　　當人們生病和不安時，他們會變得更敏感。在某個時候，他們會敏感地留意醫生的每個細小的面部表情，醫生有

任何輕微的態度變化，他們都能感受到。病患會對醫生的肢
體語言、面部肌肉運動、尤其眼神 —— 做出反應。我們的眼
神傳達很多訊息，你們都知道所謂「深情凝視」的意思。喜
悅、傷心或恐懼，都能從人的眼神中分辨出來，而病患能更
容易看到這些。

　　病患所關注的只有一個：「我如何可以好起來？醫生必
須讓我盡快好起來。」患病如同手臂上插進了讓人鑽心疼痛
的刺一般，只想請醫生盡快將它拔出來。這是病患的心態。

　　病患真正嘗試確定的，是醫生是否把他全部的注意力放
在自己的問題上。病患認為只要醫生足夠關注，問題就能解
決。病人的態度是：「如果醫生對我的問題足夠關注，他就
能解決問題。」那是病患的觀點。如果病患感覺醫生不夠在
意他的問題，他就會一直恐懼。

　　醫生根據自己的醫療訓練背景來看待病人。醫生學過如
何診斷，如何治療。在他們的訓練中，醫生學過如何對待病
人，如何控制他們的面部反應，如何調整他們的說話方式。
不過，當醫生走進病房，無論他試圖展現什麼態度，他對待
病人的真實態度都顯而易見，反映出醫生實際的動機或態

度的一些不易察覺的東西都會展現出來。因為病患能夠感受到，所以關心病患的動機應該要眞摯，那是裝不出來的。

　　簡而言之，對病患實際的關心和有意願去幫助他，而不僅認爲病患是個要解決的問題，會對他有極大的影響。幸運地是，要訓練這些特質、有意識地把我們的態度放在一個正向和仁慈的狀態上，是有可能的。醫護人員思考病患對自己的感受是一種智慧，從而能激發對慈悲心態的培養。如此一來，我們能夠看到：爲了最大程度地照顧我們想要爲其緩解痛苦的人，我們需要結合智慧和慈悲。

學修指導 3

- 當病患來到醫生這裡，他們的內在可能已經在兩個極端拉扯：希望醫生能治癒他們，和恐懼醫生不能夠做到這點。

- 受傷或生病的人自然對醫生的舉動很敏感。甚至很小的一個姿勢，比如抬一抬眉毛或口中含糊說「嗯」，都可以影響到病患對自己病情的希望或恐懼。

- 僅僅「裝出」探視病床的態度不是很有效的方式。然而，如果醫生展示出對病患真正的慈悲，就可以立即幫助病患的心放鬆下來。

- 我們需要反思「表現出慈悲」與「真心表達慈悲」這兩者的差別。

- 花時間去思考病患對護理人員的感受，就能幫助我們建立有力的動機，將我們在病床旁的態度轉變為有意義的。

4 悲智圓融

　　對於療癒界的專業人士來說，智慧意味著知道療癒的整個過程需要什麼，並理解其中必需的所有要素，不僅限於做出正確的診斷，運用適當的藥物或採取手術治療。智慧包含了關照的態度，並行於其他訓練、經驗和關於疾病的知識。所有這些要素合在一起，我們稱之為智慧。

　　實踐療癒的行業很明顯需要融入許多智慧。我所謂的「智慧」也可以被稱為「智力」，你喜歡怎麼稱呼都行。智慧地照顧病患，意味著找到他們問題的正確解決辦法：不只是找到一種治療方法，還要快速地找到，並選擇長期有效的治療方案。如果你已經知道答案，那很好。但是，如果你不知道，那麼找到正確的答案需要技巧和智慧。聰慧的看護者不會對與他人協商猶豫不決，與其他人商量的意願，以及知道何時要這麼做，是智慧的一部分。

　　智慧這個主題也包含其他因素，尤其是做為療癒領域專業人士的忍耐和堅持。忍耐有難以想像的重要性，因為在面對病患時不一定很令人愉悅，他們可能極其令人生氣——病人經常會失去他們的好脾氣，他們並非有意這麼做，只是無法控制自己。無論是恐懼或是疼痛，或是因為藥物，病人可能因迷醉而失去禮儀。他們可能會對你無禮，並非他們想這麼做，而是因為他們無法控制。醫療工作者所具備的智慧的一種顯現，就是不把它當作針對你個人而在意，反而要想：「喔！他很困擾，他沒辦法控制。平時他也是一位紳士，但今天，很不幸，他的表現不像紳士。我不需要把它當作針對我個人的行為。他只是現在失控而已。」一定程度的忍耐總是必需的，但照顧病患時尤甚。

　　像我之前提過的，病患可能把跟醫生的關係看作是跟自己父母的關係，而行為開始像孩子一樣。當孩子開心的時候，他們會跟其他家人依偎擁抱；當他們不高興時，就會哭鬧，甚至會在肢體上攻擊家人。這恰恰就是我們需要抱以忍耐和耐心的時候，當下我們需要悲憫和慈愛。如果我們能在那種難以面對的時候保持慈悲的態度，那麼它將會是療癒的

最佳機會。

　　如果我們眞正想更慈悲，我們需要知道慈悲會帶來最大的不同。否則，我們可能只在病患對我們善意並感激我們的幫助時，才最能感到慈悲。當面對很難處的病患，我們可能會想：「我在盡我所能，爲什麼他們會這樣對待我？這個病人平日很溫和、體諒。今天怎麼了？我在盡力而爲，但他們卻因爲自己不舒服而指責我。」這樣的念頭可能讓你覺得疲累和不開心——甚至失望和惱怒。那時候，你開始感覺醫治病人有點負重前行，甚至會考慮放棄，想到：「我沒辦法再這樣下去了。」你感覺自己做得不好，而似乎應該做得更好。你的責任感告訴你要繼續下去，但你開始考慮自己已經承受不了了。你的情緒開始拉鋸戰，這樣的拉扯耗損了你的熱情，讓他人困擾，並阻止你平穩地開展自己的工作。它甚至干擾了你做出好決定的能力，你也有可能開始受困於生活的其他層面。

　　帶著智慧，我們便能看到這是個過程。沒有智慧，我們可能知道自己應該更慈悲，但就是想不出能做到的辦法，而最後感覺很挫敗。又一次地，我們需要理解病痛不只是身體

上——身體的疾病可能引發心理失衡。我們需要記得的一點是：病患沒有能力控制好自己的語言，是因為他們太害怕、太慌張、身體有太多疼痛。如果我們對他們的行為有洞見的能力，便可以對它不那麼認真，不往心裡去，那麼它將不會變成我們的負擔或令我們受挫。如果知道病患的行為和情緒背後的原因，我們會更有忍耐力，那會讓我們更加慈悲。同時，我們會開始感覺更滿意，內心也會感覺更輕鬆。我們會想：「即使我面對這些很困難的問題，事實上我做得不錯。」我們會為自己感到歡喜。

從一方面來看，我們可以說這些都源自慈愛的力量。舉個例子，當一個孩子有問題的時候，他母親有足夠的忍耐力一天二十四小時都照顧著孩子，她會力所能及地做任何需要的事。當然，她的身體還是會累，心理上她會疲乏，但她對照顧自己心愛的孩子非常有動力，忍耐和耐心已經都具備了。母親不需要有意識地去努力增加耐心或忍耐力，因為母親的慈愛，所有這些特質都自然地生起。如果你的慈愛減退了，那麼你的耐心和忍耐力也自動減少；如果你完全沒有慈愛，那麼你對於自己工作的勤力、忍耐和興趣也通通會歸

零。

　　整體而言，療癒領域的專業人士不應該只是治療病患的身體，而是需要理解生病所帶來的感受。你需要體會在不知道自己會發生什麼的時候，是多麼令人痛苦、擔憂和困擾。理解所有這些因素的相互作用，就需要智慧。對這些因素如何影響特定的一個病患有了真正的理解，才會帶來慈悲的增長。

學修指導 4

- 「智慧」指的是一種特定的智力：帶著真正關注的態度而結合所有我們對病症的專業訓練、經驗和知識的能力。

- 智力允許我們認識到：當面對有難度、不理智或憤怒的病患，這個病患被他的情緒干擾，而行為上對自己毫無幫助，這樣的情形需要耐心和慈悲，而不是指責和放棄。

- 結合我們專業的智慧以及慈悲，讓我們能夠把困難的情況看作是提供照顧的機會。面對受困擾的病患的辱罵，慈悲的智慧讓我們不但不會因他們的辱罵或指責而感覺受挫，反而能認識到他們糟糕的行為是疾病的一部分，而帶著對疾病本身一樣的關照去處理。

- 如此思惟讓我們在面對難相處的病人時會多一分忍耐，少一些焦慮。當我們成功處理好一個困難的局面，我們應該為自己做好了這項工作而感到滿意。

- 再一次地，一種真正的慈悲感受，在面對有挑戰的病患時，會對支持我們的耐心和決心有幫助。沒有它，我們提供照顧的意願和能力很快就會下降。

5 無常、身體與感官

　　如果把人類和動物，以及其他形體的有情生命放在一起做比較，人類的身體更有能力對他人造成影響。正如我已經提過的，當人類採取好的行為，有可能大面積造成好的效果。反之，如果一個人的行為是邪惡的，那也會造成大規模的負面效果。因此，我們擁有最具影響力的人身，將它引導至良善和有意義的方向，不是很好嗎？

　　如果我們選擇把自己導向從事有利益和崇高的事情，我們就應該立刻開始行動，因為我們不確定今生擁有多少時間。生命不是永無止境的，今生非永恆，我們一出生，就在每一刻一步步靠近死亡，這個令人難過的事實也是最難去思考的事之一。然而。並不只有死亡是我們無法避免的，我們也無法阻止老化，我們也不能真正避免生病。當我們病了，我們就不能履行崇高的行為，而當我們老了，我們就不能像

雪洞
一位西方女性的悟道之旅

作者／維琪·麥肯基 (Vicki Mackenzie)
譯者／江涵芠
定價／480元

一位西方女性尋求證悟的故事
多次來台弘法的佛教傳奇人物
著有《活在微笑中：回到生命該有的自然》《心湖上的倒影》等經典之作
長年熱銷書，時隔22年全新翻譯！

丹津葩默的勇氣與決心是如此的撼人，她的生命故事啟發了世間成千上萬有志求道的修行者。丹津葩默現為藏傳佛教中位階最高的女性出家眾，創立了道久迦措林尼寺。她真切的心和有力的行動如同一盞明燈，照亮無數修行者的求道之路。

呼喚蓮花生
—— 祈求即滿願之蓮師祈請文集

編譯者／卻札蔣措　定價／550元

中文世界第一本壯麗的蓮師願文大集結！
多篇來自蓮師埋藏的伏藏法！
《我的淨土到了》作者卻札蔣措親自編譯！

揚唐仁波切曾多次說過：「在亂世之中，我們要依靠的就是蓮師。」
特別是當今疾疫戰爭的時刻，蓮師的威光就更顯珍貴。依照本書的願
文來發願，念誦之中自然轉念為善，只要用虔誠的心來祈請，緣起力
量不可思議，果報深廣也不可思量！

歪瓜 —— 一代禪師鈴木俊隆的平凡與不凡

作者／大衛·查德威克（David Chadwick）
譯者／薛亞冬　定價／760元

在作者的筆下，我們第一次見到古代公案中的禪師變得有血有
肉，揚眉瞬目，站在面前，對我們微笑，鼓勵我們從他一生的
言行中汲取力量。

本書作者是鈴木俊隆的弟子，擁有鈴木禪師親言教誨的第一手資
料，以及同門師兄弟的回憶，還採訪了大量鈴木俊隆的親朋好友，
可謂下足功夫，為讀者奉上這本生平傳記，將我們帶進他的生命
中，一起見證禪師作為佛子，將生命化作不懈修行的一生。

我們誤解了這個世界
—— 高僧與哲人的對話

作者／濟群法師、周國平　定價／380元

西方哲學與東方佛學的精彩碰撞，
引領我們看清事物的本來面目，從迷惑走向覺醒。

本書根據濟群法師與著名學者周國平的六次深度對談整理而成。兩
位從各自專研的領域出發，圍繞因緣與因果、命運的可變與不可
變、無常與永恆等話題，展開深入的辨析，探討正確認識自己、認
識世界、認識人生的智慧與哲思。

龍神卡 —— 開啟幸福與豐盛的大門
（38張開運神諭卡+指導手冊+卡牌收藏袋）

作者／大杉日香理 (Ohsugi Hikari)　　繪者／大野 舞 (Denali)
譯者／張筱森　定價／699元

迎接龍年！找龍神當靠山！來自三十八隻日本龍神的強力祝福！
無論是金錢、戀愛、工作、人際關係，在全新的一年都會有令你
驚喜的變化！

在日本，龍神自古以來一直是和人們很親近的神祇，時常被雕刻在
神社或寺廟。龍神在神明中負責「結緣」，為我們人生的各個層面
牽起人與人之間的緣分，並成為靈魂成長與發展的後援。透過牌
卡，便能輕鬆得知龍神給予我們的提示與能量。

在故事與故事間穿越
—— 追隨印加薩滿，踏上回家的路

作者／阿光 (游湧志)　　定價／480元

廣播金鐘得獎主持人帶讀者體驗最原始、精煉的「薩滿」精神！
一起找尋自身最深處的故事！

★本書沒有攻略、路線和景點導覽。有的是一個個你我都會深有同
　感的人生故事！

★上百張作者在南美親自拍攝的照片，包括火山、海底神廟、星際
　之門等聖地。

★掃書中QRcode便可以看到作者在當地探訪的影片！

走過蓮師三大隱密聖境
—— 尼泊爾·基摩礱／錫金·哲孟雄／西藏·貝瑪貴

作者／邱常梵　定價／720元

再次起程！踏上極少人到訪過的蓮師三大隱密聖境！
橫跨尼泊爾努日、印度錫金、印藏邊界，一步一步與蓮師相遇！

書中四百多張珍貴的照片記錄作者在朝聖旅程中與蓮師相遇的過
程，讓讀者彷彿跟著她走過一座又一座的山頭，親歷身體的疲痛與
心靈的富足與信心。所有和蓮師有緣的人，請跟著作者一步一步走
過蓮師授記的三大隱密聖境吧！

佛教繪本故事

不拘年齡！大人小孩皆可閱讀、都「繪」喜歡的佛教故事！

◎融入佛教中助人、慈悲等利他思想。勉勵讀者不畏失敗、跌倒了再爬起來！
◎亞馬遜近五星好評！精選10則《本生經》與最受歡迎的千手觀音故事！
◎學習千手觀音與佛陀的智慧，啟發善的品格與受用一生的道理！
◎融合大自然與動物的精美插畫，增添繽紛色彩，進入想像世界！

**慈悲的英雄
千手觀音的故事**

佛陀的前世故事
與大自然、動物
一起學習仁慈、友愛和寬恕

作者／哈里・愛因霍恩 (Harry Einhorn)
繪者／柯亞・黎 (Khoa Le)
譯者／李瓊絲　定價／380元

如同英雄一般的觀世音，
也曾因挫折而一蹶不振。
當千手觀音遇到困境，
祂該如何重拾勇氣？

作者／蘿拉・柏吉斯 (Laura Burges)
繪者／索娜莉・卓拉 (Sonali Zohra)
譯者／李瓊絲　定價／600元

什麼？森林中的猴子、
鸚鵡和瞪羚……
都曾是佛陀的前世！

自己年輕時那樣有效力了。這就是爲什麼我們需要在自己還有機會的時候將崇高的行爲付諸實施。

諸行無常（impermanent）。我們自己要認識這一眞諦。到目前爲止，世界上沒有任何事物是形成了，就不再損壞、破滅。過去沒有任何事物或生物最終不會崩解或死亡，而我們也可放心地將此觀察用於未來，這便是佛法所說的「諸行無常」的意思。我們可以理解，當我們去思惟，這便很明顯。我們需要認識每個出生，都以死亡告終；死亡是確定的，但與之相關的因緣和時間卻不定。

同樣地，我們感知的一切，我們身邊的所有事物都持續在變化，這也包含我們同他人的關係。無常這一不可逃脫的事實，指的便是一切會聚都以分離告終，我們最終都將與自己生命中遇到或認識的人分離。我們可能與他們暫時分離很多次，而最終會有最後一次的分離。無論我們是朋友、敵人、親戚或愛侶，我們都會分離，這是事物的本質。如果我們不想分離，那就會很痛苦。如果你無法忍受與一個跟你特別親近的人分離，可是你還是無法避免分離的必然，這帶來的痛苦可能難以忍受。

對於自己累積或建構的所有事物，也是同樣道理。如果我們仔細觀察物質，會發現每一瞬間它都在變化，每一個組合起來的事物最終都會消散。建築物倒塌崩裂，無一例外，這就是佛教說「一切事物皆無常」所指的。

痛苦和無常關係緊密，因爲事物是無常的，因此有苦。不想變老，但我們還是會衰老，非常痛苦；我們不想病，但沒人能完全避免生病，甚至醫生都會生病；沒有人想死，但還是難免一死。爲什麼會這樣？因爲一切都是無常的，否則所有事物將維持相同狀態，不會改變。如果你很健康，就會一直保持健康，如果事物都不是無常的，你將不會變老，也不用擔心失去健康，但實際的狀況並非如此。因此，無常是很多痛苦的因。

我們經常認爲快樂是痛苦的相反面。我們應該觀察「快樂」對我們而言意味著什麼？快樂有沒有定位？它是我們之外的某物嗎？還是於我們內在？還是在中間某處？通常的傾向是感覺快樂在那裡，與我們有一定距離，而不在我們直接的掌控中。因此我們認爲在我們到另外一個地點之前──直到我們能觸及快樂之前──都一直不快樂。完美的

快樂感覺起來應該如何？能否透過我們身邊享樂的對境或朋友而得到？那會不會是眞正的快樂呢？

　　我的觀點是任何滿足的那一刻，任何感覺「這沒關係」的那一刻，就是快樂的時刻。一個從未體驗過滿足那一刻的人——一個從不滿意的人，也就從未快樂過，他們不可能快樂。當一個人缺乏基本所需，比如食物或住所，那是痛苦或折磨的因。但某人擁有一切，還是會痛苦，那似乎很奇怪。很容易理解爲什麼貧窮或缺乏生活所需的人會痛苦，但擁有通常認爲的享樂和奢侈的人也會痛苦，這似乎不對勁。事實上，有錢人有時候眞的比窮人更痛苦，因爲對有錢人來說，得到滿足是更困難的。痛苦的一個根源是不滿足；不知道如何滿足而感受不到快樂。

　　如果我們檢視人體，能夠看到很多部分的組合，例如血肉、骨骼、筋腱和骨髓。只要還有著呼吸和體溫，身體就會持續生存下去，而我們會稱之爲「活著的人體」。物質的身體是很多不同物體的容器，包裹它的皮膚以及內在的各個部分。很諷刺地，許多人類認爲最噁心和厭惡的事物，實際上都是在活著的人體中發現的。如果我們不思考其內有什麼，

當我們看著另一個人的外形，或許會非常執著他臉蛋很可愛、皮膚很光滑，諸多特徵都極端迷人。但正如你們很多人所知，如果你將人體剖開，會發現大部分人不經常能見到的事物——血液、淋巴、肌肉、脂肪、尿液，和未完全消化與成為糞便的完全消化過的食物。當你剖開人體，所有這些都會展現出來。而突然間，它絲毫不再有吸引力了。

五官愚弄自心

然而，這就是跟我們生活在一起的身體，這就是跟著我們四處遊走的身體。現在因為外在干擾或是內在元素不平衡，這個各部分的組合生病了，結果是經驗到「疾病」——「不一適」（dis-ease）。突然間，我們不好了。接著問道：「為什麼會這樣？」根據佛教的傳統，疾病的原因有兩個，一個是叫做過去的業力，另一個是叫做暫時的因緣。現在，當過去的業成熟而帶來某些東西，那就不一定有治癒的可能性。過去的業力可以解釋為什麼有的人比其他人更經常生病，因為看不出明顯的原因，而出現很多不幸、抑鬱和其他形式的心理疾病。業力也會造成身體的疾病，這些狀況有時

候能治癒，有時候不能。業力因素之外，還有因爲暫時的因緣而出現的疾病，對此有時候能夠治癒，有時候卻不能。

身體是如此不確定、脆弱的一個系統，並不需要花大力氣便可讓它失衡而不再感到健康。佛教傳統中，偶爾會把身體形容爲「儲藏疼痛和病苦的蘊積」。身體總是隨時隨地準備著生病，也許就因爲外在環境冷一點或熱一點；你的皮膚如此敏感，在被蚊子咬或蜜蜂叮的那一刻你會突然感到強烈的不舒服。身體的存在讓不舒服隨時可能找上它，這是因爲其中的一種感受——觸受。但另外的感官也都做好準備等著感覺不適。

呈現於我們心上的感官印象對我們有即刻的影響，製造出愉悅或不悅的經驗。你看到一個漂亮物體的那一刻，就會有想觸碰它、跟它互動和受它吸引的衝動。如果我們看到讓自己有點欲望的東西，就想得到。如果我們看到讓自己有點厭惡的東西，就想推開。或者我們看到的一些東西讓我們覺得與自己無關，或感覺遲鈍、無聊。如果我們主要用自己的眼識去經驗事物，我們通常能夠處理，但我們也透過其他方式感知事物。設想你坐在一個弦樂四重奏的音樂會，突然間

火警意外響起，發出可怕的尖銳噪音，你可能會既震驚又不安。我們也會被有害氣味、不好的味道或觸碰起來感覺噁心的物質所干擾。即使當我們放鬆時，我們的念頭仍然東遊西盪，我們可能想著一些好東西，或一些壞東西，而就在自己念頭左右下經驗著情緒的回應。

佛教經論中有一句話：「顯相欺瞞心易變。」當顯相──意味著透過感官呈現的事物特別有欺瞞性的時候，我們往往過於受刺激，我們薄弱的穩定性導致自己的心即刻對發生的事做出反應：想要或排拒。當我們回顧自己的生活，似乎我們所有的時間都花在追隨或逃避事物，這是如此普遍存在的成見啊！我們追求著與人的關係或事物，就像他們都會持續並永遠如此，而當他們並不是這樣，我們便失望透頂。

五官感受往往愚弄了我們的心。如果我們持續被自己的感官愚弄和引誘而受其影響，那我們就無法稱自己的人生操控在自己手中，我們不能真正說自己是獨立或自由的。之前我提過我們的本質自性是慈悲與智慧的，如果那是真的，為什麼慈悲和智慧沒有自動就生起呢？如果它們已經是我們

的本質自性，爲什麼我們還需要訓練慈悲和智慧？

　　答案是：我們無法單純地經驗到我們的本質自性，是因爲我們根深柢固的傾向 —— 陷入並卡在自己的感官經驗和念頭之中。我們任由感受操控自己，而這讓我們無法自在、自由，我們需要學習如是感知萬事萬物。阻礙我們單純安住在本然心狀態的主要障礙，是我們傾向於把自己的存在執著爲觀者，而與我們觀察的事物相分離，這樣的傾向被稱爲二元思維。只要我們在用二元思維，我們就不能百分之百經驗到平靜，我們無法經驗到完全和自然的放鬆。

　　對二元思維的領悟很困難，而它就是佛法實相智慧的核心。我在下一章會更具體地對此進行解釋。

學修指導 5

- 沒有任何事物會永遠存在，每一刻之間都在改變，最終我們必須和自己珍愛的一切分開。痛苦大都來自無常，接受無常是邁向生命更釋然、少受痛苦的一步。

- 快樂可以在滿足的時刻找到，或在感覺發生的一切都沒問題時就是快樂。滿足是快樂特質的關鍵，如果我們不懂得如何能滿足，就不會真正快樂。

- 我們肯定不可避免地，透過擁有身體而經驗到身體上的不舒服。身體存在就隨時會經驗到疼痛：從身體被製造出來，它就在衰老，並且容易生病。有時候我們能解決，有時候不能。

- 透過擁有一個身體，我們沉浸於身體感官的世界。有時候感官經驗是愉悅的，便導致欲望；但有時候不舒服，而帶來厭惡。

- 盲目追隨我們的感受，會讓我們把一生都浪費在追逐我們想要的事物，和逃避我們不想要的事物上。這種生理和心理上被尋覓感受所捆綁的傾向，阻止了我們自在和自由——我們本具慈悲無礙展現的狀態。

6　二元思維及其重要性

　　我們已經知道自己會持續去反應感官知覺，以致於不能感覺完全開放和輕鬆。在另一方面，我們本然狀態的心，是能夠感知，但不會對自己的感知形成概念。也就是從這樣赤裸的覺性之內，開展出了我們本性的慈悲與智慧。不會對我們的感知形成概念的意思，是學習認識出我們一切的經驗不過是自心的顯現。

　　二元對立指的是將我們的感知分離出「自我」的一些感受，以及「他人」的一些感受 —— 能感知者以及所感知對境的一種感覺。這兩個概念，主體和客體，形成了二元對立，在此之中沒有任何一個能夠不依靠另一個而存在。把這兩個念頭抓在一起 —— 一個分離的主體和一個分離的客體 ——就是「執著二元」。儘管能觀者和所觀對境的想法似乎描述了看世界的一個完全邏輯的方式，但執著二元實際上只是我

們做的一個選擇──雖然是個無意識的選擇。無論如何，這種感知的方式導致了後果。

感覺在經驗東西的這個人被稱為「我」。「我」的概念製造出我們所鍾愛的，一種細微形式的執著。同時，它造成了跟我們自己與所感知的對境之間微小的距離，對境稱為「我之外的」，而這就是一種細微形式的排斥。只要我們心中帶著這些分離的概念：這是主體，那是客體，我們就被阻止去認識自己的真實本質。認識我們的真實本質意味著認識到這種二元感知的方式並沒有一個真正的基礎。二元感知消融的任何一個時刻，我們便能經驗到赤裸的覺知。缺乏對我們真實自性的認識，就叫做無明。因此，二元存在於內心的任何時候，三種基本的煩惱情緒──貪、瞋、癡，就在細微層面存在著。

喜歡與不喜歡是我們都很熟悉的情緒。它們更強烈的形式，就是我們所知的貪欲和憤怒。它們從何而來？它們真正的根源是什麼？或許這聽起來像個奇怪的問題。一些人有動力去找出答案，但很多人對此從未思考過。我們都覺知到痛苦的存在──痛的經驗很難被忽視，無論對其因是否有領

悟，每個人都能感受到疼痛。如果我們能認識痛苦的真實原因，或許我們能幫助他人和我們自己減輕或防止痛苦的產生。一個可能的答案是：痛苦實際上出現在從二元思考流露出的情緒中。這是佛教的解釋。讓我們更仔細地看看。

　　無論我們做的是良善的，還是有害的，都種下了在未來結果的種子，我們所做的行為被稱為業的行為。但是什麼帶來良善或有害的行為呢？心中執持二元的任何時候，自私的情緒便會生起，這就驅動了我們的行為——念頭、話語和舉止。在更細微的一個層面，在心中抓住自私或良善的任何概念之時，業之行為便形成了。認為事物存在於自心之外的念頭的形成，就是我們感受和行為最細微的基礎。將感知者和所感知的對境或人分隔開的念頭，成為後續出現的關於對境或人的情緒或行為的基礎。如果我們沒有把事物感知與自己的覺知分離，我們也就不能對那個對境產生煩惱情緒或行為。

二元造就業力

　　執著於二元的這個過程經常被分解為三個概念：能感知

者、所感知對境、感知的行為。當我們看著某個事物，比如一朵花，第一個剎那我們已經生起了概念——「一朵花」就是一個概念，「我感知到花」便是另一個概念，「注意到我們在看著花」是第三個概念。

單純形成了主體、客體和行為這三個概念，就足以製造業力。業，意思是行為，而一切的行為都有後果或結果，即使這是非常細微的概念。只要我們的心形成了概念，業就形成了。感知者的概念製造了所謂被感知的某物，而這兩者之間的行為就成立了，這就是所謂的業的行為。

Karma（業），是一個梵文的詞，它也是佛教所相信的。在西方的思維之中有個相似的概念——「好運」和「倒楣」的說法。現在我們討論的問題是為什麼會有痛苦，痛苦來自哪裡？這只是因為倒楣嗎？如果一切都很好，那是因為好運嗎？為什麼一些人會走運，而一些人就會倒楣呢？一些人不會尋找原因；他們單純相信好運和楣運都是巧合、偶然的運氣使然。

佛教認為好運或楣運都有其因，它們並不是意外或偶然發生的。不過，發生在你身上的某件事是否是因為某個特定

的原因或是偶然，在感覺上是一樣的。佛教沒有獨立出痛苦的感覺應該是怎樣的教法——對於每個人它感覺都一樣，全世界都如此。我們在討論的是對痛苦之因可能的解釋方法，爲了認識痛苦的成因，我們需要了解自私的情緒以及成因。

把業力宣稱爲痛苦之因，總會引起一些反彈。這不是西方世界觀的範疇，而人們認爲很難接受它。業力開始於概念、某事物的態度或看法的形成，這就是業力如何製造的。所有的煩惱情緒都是透過概念的形成而生起，會導致未來的後果。只有當我們安住於自心本俱的醒覺之中，在本然心之中，業的形成才被中斷。

大部分人喜歡沒有貪執和憤怒，因爲這些情緒製造痛苦。但爲了要從貪執和憤怒中解脫，我們首先需要知道是什麼造成了這些情緒。執著二元對立製造了一個平台，由此我們對事物或人產生了貪執或憤怒的反應。在沒有二元看法的情況下，就不會造成煩惱情緒，也就不會造成未來痛苦的業力，這就是我們稱爲二元的心理狀態和痛苦之因這兩者之間的關聯。如果憤怒和貪執是痛苦的因，那麼消除二元思考將會消除未來的痛苦。如果我們希望從痛苦中解脫，就

需要找到根本的因。否則，我們最終得到的情況會是試圖從煩惱情緒解脫，卻沒有一開始就消除製造它們的因素——這樣是不可能解脫的。

我們經驗痛苦的方式非常多。如我提過的，人類從出生到衰老，當患病和死亡時，都有痛苦。但另外還有人類會經驗的痛苦：求不得苦，我們希求著某物但得不到，那本身就很苦。我們的渴望層出不窮，永無止境。此外，怨憎會苦不斷地出現，人生就不是如我們想的那樣。簡單來說，所有這些痛苦的基礎是希望和恐懼。我們念頭每一刻都充滿著想要的事物，希望它出現；以及不想要的事物，恐懼它發生。如果每一刻的念頭帶著的不是希望就是恐懼，要達到百分之百的放鬆、擁有百分之百的平靜和從痛苦中解脫，就極度困難。

希望源自貪執，而恐懼源自瞋恨或憤怒。如此一來，達到完全平靜的唯一方式，是超越希懼二者，超越讓煩惱得以生根的二元執著。

學修指導 6

- 我們很多的痛苦，都是以執著自己是誰的概念為基礎的——幾句讚美就讓我們歡喜雀躍，一點批評會讓我們的一天都毀了。如果我們沒有如此關注自己是誰，那麼就不會有任何被攻擊或不安全之感。

- 專注於自我身分認定的問題，根植於我們對自己感知的一切進行評判和形塑概念的習性傾向，這就是「二元思維」的意思。我們把自己看到的事物感知為與自己有別，而後我們開始分別他們與自己的關係——「我這個人喜歡這、不喜歡那。」

- 以這個簡單，然而有誤的感知為基礎，我們織出了一個複雜的概念和情緒之網，它遮蔽了自心本然的放鬆開放，我們與生俱來的慈悲便是從這樣的開放流露出來的。

- 我們心的狀態不僅影響了我們現在的經驗，也引導我們在未來有類似的經驗。隨著時間累積而形成習慣和傾向的念頭和行為，很大程度上決定了我們會如何經驗人生中所面

對的狀況。

● 因為憤怒和執著造成了痛苦，消除了潛藏在它們之下的二
元思維，也就能消除痛苦。

7　概念性及無概念的慈悲心

　　或許看起來「執著二元」只是一個與悲心的主題無關的獨特哲學見解。然而，我們並不只是在解釋慈悲的利益，也在談如何讓慈悲更沒有局限。為了達到這點，我們需要理解概念性及無概念的慈悲之間的差別。為了能欣賞由無概念慈悲的概念所呈現出來的廣大潛能，我們需要理解二元的概念。

　　就算我們都同意自己的慈悲應該少一些局限，卻並不那麼容易知道如何做到這點。我們想要開展出慈悲的一種特質，它不僅導向少數人，而是準備好沒有偏見地擁抱任何人。慈悲不單是我們附帶的一種心態，猶如為了以慈心和悲心的外相去面對自己遇到的每個人而戴的面具。我們行為上像是慈愛並對每個人敞開，跟實際上感受到對所有人的慈愛和悲心，這兩者確實有所不同。幸運的是，開展出真實的慈

心和悲心是有方法的。此外，一旦開展出來，真實的慈悲比造作的慈悲更不費力。佛法中有句話：「敞開心胸的智慧讓無量的慈悲成為可能。」一旦我們對敞開心胸的智慧的真實含義有了經驗，慈悲自然隨之而來。我們可以學習在敞開心胸的智慧中訓練自己，但需要理解細微層面的一些概念。完全明瞭這句話可能要花上幾個月甚至幾年的時間。

訓練充滿慈悲、敞開心胸的智慧有兩種方式。第一種要求有意識的努力。我們運用智識產生一個明確的願望：要更加慈悲，接著我們把自心引導至一個慈悲的心態，擁抱每一個人，這個方法稱為訓練概念性的慈悲。另一種方法是讓它自然而然地發生，沒有預先的觀修。我們單純是放下事情應該如何的任何概念，並允許自己安住在一個完全開放和慈悲的狀態，這個方法稱為訓練無概念的慈悲。儘管聽起來它是更容易的一條道路，但若是沒有方法或訓練，也不會有無概念慈悲的經驗，它不是自動就會出現。雖然為了訓練，我們需要意識上的努力，然而我們的目的是最終經驗到本然、開放、無需刻意努力的慈悲。

當我們的慈悲來自一種刻意的努力，也許我們會感覺以

慈悲對待特定的一些人是容易的。舉例說，對於我們已經認識或喜愛的人和欣賞我們的人，會自然感覺善意。而另外的情況下，我們的慈悲會比較有選擇性。取決於心情如何，我們可能對一些人善意，而對另一些人就沒有。在某些偶然情況下，生活中的壓力或許致使我們只能對小部分人展現出極為有限的慈悲，而不能或不願意幫助所有人。當我們的慈悲依賴的是一個有意識的努力，它或許就不會穩定。

　　這種刻意生起的慈悲對我們來說是熟悉的，我們把它稱之為概念性的慈悲 —— 我們想到的是一個特定的人在一個特定的狀況下，而對他生起一種慈愛和悲心的感覺。我們或許會需要，也可能不需要很多努力去訓練這樣的慈悲，但至少這種慈悲對我們是熟悉的。

最究竟的慈悲

　　與這樣刻意的慈悲相對的，是一種更自然的、不帶任何概念的慈悲，也就是我所指的無概念的悲心。如我之前提過的，無概念的悲心透過敞開心胸的智慧而來。無概念的慈悲，從一種被稱為無念覺醒的心之特定狀態自然生起。無念

覺醒是一種覺知而心中無特定念頭的狀態。從這樣一種心的狀態中任運流露的慈悲和熱忱是無限的，它不受任何一個特定的人或情況的制約。儘管如此，我們在還未親自經驗到這一心的狀態之前，任運生起的這種慈悲或許看起來是無法理解的，或至少無法獲得。

我們所說的和諸佛菩薩相關的悲心和慈愛，便是從無念覺醒中生起的。聽到我說「佛陀」或「諸佛」，你們可能會認爲是特指久遠之前生活在尼泊爾和印度的那位導師，因此我應該稍做一些解釋。「佛」這個詞字面意思爲「清淨和圓滿」，它指的是一種清淨和圓滿的狀態，一種除去或消除了某種東西之後本然的呈現。任何一個有情生命都能獲得清淨圓滿的狀態，這便是「佛」這個詞的定義，過去無數人已經做到過，歷史上的佛陀便是一個例子。

障礙我們認識自性本質的心理上的概念，被稱爲覆障。覆障分爲兩類，一類指的是煩惱情緒，究竟上有八萬四千種煩惱，我們在此不一一例舉，但可以將其歸納爲主要的三種，也就是我之前提過的貪、瞋、癡。除此之外，還有另外的一些表現，比如嫉妒和傲慢。這些負面情緒有時候被稱爲

心理的毒，它們被認爲是我們人性的弱點，在我們心中，它們被認爲是負面的，因爲由它們而衍生出了痛苦。

另一種覆障叫做所知障。跟容易認識出來的煩惱障相比較，認定所知障要困難得多，因此從它之中解脫也更加困難。所知障指的便是我們執著二元的習氣。

所知障描述了我們的心執著於三重概念的習氣傾向，這三重概念是：感知者、所感知對境以及這兩者間的行爲。心中出現這三重概念時，便建構起製造負面或自私情緒的基礎。只要這個形成三種概念的傾向沒有終止，我們自私的情緒就不會斷除。當然，概念上理解它並不容易，而付諸練習就更難。儘管如此，諸佛菩薩完全淨除了這兩種覆障，他們證得了清淨的心，這便是對我們最有激勵的典範。

當我們說佛陀是清淨和圓滿的，意思是煩惱①和所知障

編按：○為原註；● 為譯註。

① 佛法中最基本的智慧之一是我們的心有不基於念頭和情緒的覺性。這樣的狀態所指的，比如空性，但並非一個真正的空無狀態，而這個超越了念頭的空的覺性有著與生俱來的特質。這些與生俱來的特質就是慈悲和智慧，而它們從心這個空的本質中顯現，而比意識的念頭中出現的慈悲和智慧感覺更加廣大。

不再顯現於他們的心，這樣清淨的狀態爲不可思議的智慧和慈悲的展現提供了空間。「清淨」的面向意味著煩惱障和所知障都已消融；「圓滿」則是不依靠我們短暫的念頭和情緒而生起的甚深智慧和慈悲。無概念慈悲的訓練基礎，是認識出我們的自性本質沒有這兩種覆障。換句話說，超越二元思維而達到的一種心的狀態，就爲我們本自俱足的慈悲和智慧無限地展現製造了空間。對此的修持包含了學習觀察我們的念頭，並以甚深的方式去放鬆我們的心。本書的下一部分將著重在如何實際開展無概念慈悲的修持。

學修指導 7

- 「概念性慈悲」指的是一種意識上的決定——當我們看到有需要的人會去幫助他們。這樣的慈悲是有限的,因為它需要有意識的努力。

- 「無概念慈悲」從認識我們自性本質而流露出來,是超越二元思維的一種狀態。這一種慈悲不需要依賴「我願意幫助這個人」或「我需要幫助這個人」的想法。

- 如何可能在當我們沒有帶著幫助別人的念頭時而能產生利他的行為?這是可能的,因為當心的狀態沒有概念的執著、沒有負面情緒、沒有覆障,本具慈悲自然會無礙地流露出來。我們的本質就是慈悲的。

- 在我們學習到消除內心煩惱障和所知障的禪修方法之前,它們都會阻止我們開展內心本質所包含的潛力。運用禪修,我們便為不依賴概念性思惟、不可思議的智慧和慈悲的展現創造了空間。

修持

8 做一個修行人意味著什麼

　　一個修行人和平常人之間的差別在哪裡？他們之間主要的差異是：當修行人心中生起一個念頭時，認為事物是堅固、真實、恆常的執著程度不會那麼強烈。修行人努力在做的，是如是見到事物的本來實相，而非它們看起來如何。這是關鍵的一點。當你開始鬆開令自己看待一切為堅實和恆常的執持，就會踏上一條道路 —— 允許自己減少負面情緒和所知障影響，並讓自己本然、良善的特質展開。這樣的一個人，便配得上被稱為「修行人」。

　　要改變我們看待實相的方式並不是個輕鬆容易的任務，尤其對現代人的特性來說，這個過程更加困難 —— 現代人想要即刻滿足、立即有結果。可是，達到放鬆和平靜的心，並不像在我們買的電器上按一個開關按鈕那麼容易。如果能那樣，我們大可買一個機器，按下開關按鈕，接著立刻感到放

鬆，一切都為我們搞定了。很不幸地是，我們的心沒有那麼簡單。我會用本章來展示改變我們看待實相的方式要如何開始。

實相並不是堅固和恆常的。當我們安住於「無念，卻清晰感知」的狀態，實相的真實本質便可以被感受到。這跟我們平常的觀點不同，我們平常認為如果對自己的經驗沒有念頭或概念，那麼就無法處理那個訊息。我們需要超越的，是認為「無念」意味著我們將無法運作所帶來的恐懼。

很多像哲學家、科學家和靈性探索者這類人都曾嘗試描述我們的心真正像什麼。要準確定義我們所說的「心」這個名詞，是困難的。我認為我們都同意一件事，那就是心有經驗的能力。我們可以將心描述為「看不見，卻有力量」。我們說心看不見，是因為我們不能透過肉眼看到它，透過耳朵聽到它，或是將它握在自己手中，這便是看不見的意思。然而它卻是有力的，因為它有能力產生善或惡。

佛陀將心的描述為「明空」，意思是任何有情眾生的心之本質都是空性的，且同時是清醒和覺知的。這裡所說的空是什麼意思呢？無形、無相、無色的某物，便可以被「空」

這個詞恰當地描述出來。舉例來說，空可以形容我們面前的空氣或虛空。因為我們周圍的虛空沒有外形、形狀或顏色，我們就說它是空的空間。我們可能會問，是否有空性這樣一個事物，或說虛空不存在是否是恰當的。如果你接受有這麼一個事物為虛空，你能把它指出來嗎？能，還是不能？如果你不能指出它，是不是意味著它不存在呢？如果選擇是否有虛空這麼一個事物，我們必須說是有虛空的。沒有其他可能性。

如果你回答虛空不存在是因為我們看不見它，那麼你如何能知道門是開著或是關著的？如果你不能看到門另一邊的空間，就不會有信心從門口穿過。然而，當你從門口望過去，你可以看到那一邊是有空間的。因為那樣，你必須承認你能夠看到虛空，而虛空是存在的。因此，我們承認自己能看見虛空。

當我們用「看見」這個詞，實際上有兩個意思。我們可以說我們「看見」，是因為有，事實上我們看到了一些物體。但當沒有事物出現，我們還是可以說我們「看見」那裡什麼都沒有。當沒有事物能被看到時，我們經常不願說「我

見到了」。我們感覺如果自己不能看到一個確切的事物，就不應該說「看見」。

　　但透過我的例子，我們可以同意說「看見」指的是觀察到實際上沒有什麼要被看到。某人可以說：「我看到那裡什麼都沒有。」即使虛空不能夠被看見，但沒有事物可見的事實也是成立的經驗。我們透過從中穿過而經驗到虛空，我們知道空的虛空存在。為什麼？當一扇門是打開的，我們知道它的另一面有些開放的空間。那不是堅實的。我們感知到開放的空間，對於自己的身體不被任何物體阻擋而能從門口穿過、走到開放的區域感到確信。我們有確信，是基於自己過去的經驗──我們曾這麼做過。我現在講這些的原因是這意味著「見到」沒有什麼可見是可能的，我們有經驗確信那裡什麼都沒有，而我們每天都這麼做著。我們知道虛空存在，即使我們不能見到它或抓住它。

　　當佛陀說心是明空，他的意思是沒有能夠被看到或被抓住、我們標註為「心」的一個真實的「東西」，然而同時，心能夠經驗──它是存在的。心的這個空的特質不是我們需要去開展的。心已經是空的，自然、根本就如此，我們不需

要把它造作成那樣。同時，即使心本自為空，沒有實體，它隨時能以一種非常自在開放的方式去經驗或感知。這就是我們所稱的明性。

智慧的兩種面向

當我們心的明性特質執著或抓取心的經驗，這個執取就變成自私情緒的基礎而占了掌控地位，如我們在上一章所談過的。儘管如此，當這個心的明性特質無有一物可以執取，但只是開放地經驗著，那就叫作本初覺性，也可以稱為遍一切智。

心是空而明的。如果這個明空被允許什麼都不執取，那就叫作佛的證悟狀態。那是一個沒有基於無明而形成業力、沒有自私情緒煩惱的狀態。然而在明性執著或抓取任何概念的那一刻，同時形成了迷惑、自私的情緒和業的行為。

那麼我們如何能不帶執著地經驗到慈悲呢？我們如何能開展出完全開放、不帶偏見的智慧和覺性呢？當沒有執著時，智慧和慈悲都直接從我們的明空而來。這不是只透過聽聞就能完全明瞭的，它需要被經驗。我們如何得到這種經

驗？我們以允許自己放鬆、從容爲開端。我們越是能開放和放鬆，就會越慈悲和智慧。我們可以訓練開放和放鬆，接下去的一章我們將討論這個部分。

　　完全開展的智慧，或說佛的智慧有兩個面向。一個面向是清晰、如實看到事物的本質；另一個面向是清楚、明確地感知一切的存在。在佛法中，智慧的這兩個面向被稱爲「如實見到事物無條件本質的智識」，和「因緣觀待感知任何可能存在的事物的智識」。這兩個定義在大部分人聽起來很奇怪，對此，我稍作一些解釋，會有所幫助。

　　智慧的這兩個面向之中，「知道事物本質」和「感知一切事物」，科學大部分的關注點在於後者。當我們以科學的方式觀察我們的環境，我們感覺實相的事實都是自顯的——它們以出現在我們面前的方式存在著。佛陀也教導了實相，但他專注於兩類智慧而做教導。如果我們來分析時間和物質，會怎樣？當我們不再疑問，或沒有仔細觀察時，時間和物質看起來都是眞實存在的。但如果我們仔細觀察，我們在任何地方都找不到實際的「時間」或「物質」。

我不是「我」

讓我們用一個簡單的例子來看。此刻你可能坐在一個我們稱爲房間的地方，現在試著用你的手指指出「房間」。無論你的手指所指的方向爲何，它本身都不能被認爲是「房間」，對嗎？天花板不是「房間」，地板不是「房間」，牆壁不是「房間」，窗戶不是「房間」，門不是「房間」。組成房間的任何物件，單獨來看，都不是房間。牆紙不是「房間」，磚頭不是「房間」，木頭不是「房間」。但當所有這些不同的建築材料放在一起，以特定的方式組合起來，我們形成的一個概念是我們在一個叫做「房間」的地方。接著我們相信這個念頭是眞的──確實有事物具備固有、分離的存在，它叫做「房間」。

我們可以把同樣的這個分析方式運用於感知者。是誰在感知這個房間，或在讀這本書？在讀這本書的人被稱爲人類。我們在說「人類」這個術語時，實際意思爲何？我們可以說一個人類是由身體、聲音，以及被我們稱爲心的知者組成的。聽起來很正確，不是嗎？但是人的身體眞正是什麼？

它在哪兒？只要我們不太仔細去分析，相當容易就能給出答案。毫無懷疑，從頭頂到腳底就是我們所稱的「身體」，我們都知道這點。但如果我們選擇這樣去定義身體，那就太簡單了。如果我們對此非常精準，那就很難定義並指出人的身體。

用片刻的時間專注在從頭頂到頸部之間的這部分身體。它本身並不是「身體」，它和「身體」有著不同的標籤，它叫做「頭」。除此以外，我們還有被稱為「胸部」、「腿」、「手」、「手臂」等各部分。當你把它們其中任何一部分拿走並放到其他地方，它們就不會被認為是「身體」了。不過，如果我們把所有這些部分再重新拼湊在一起，大家就會說「哦，那是一個身體」。這相當奇怪。

類似地，我們每個人都有一張臉。從某個方面來說，人們的臉都非常相似。每個人都有一個鼻子，沒有人會長出兩個鼻子，我想不會吧。我們都有兩隻眼睛，而非三隻。從這個角度來說，我們非常相似。對「臉」這個詞的定義，跟對頭的定義不一樣，對於脖子來說也不同，它只是指頭部前方的這個部分。通常耳朵也沒有包括進來，只是向外的這個部

分被稱爲「臉」。

　　這相當簡單。現在試著用一根手指指向自己的臉。手指會指向你的鼻子，或臉頰，或你的眼睛。無論你的手指指向哪裡，它都有不同的名稱。然而我們似乎還是不會懷疑當我們看著某人的時候，我們看到了他們的臉。過了之後，我們很確定地說：「我看到了他的臉。」我們對看到某人的臉毫無懷疑。但讓我來製造一點懷疑。

　　我們有著以自己眼睛的存在爲基礎的視力。我們視覺很有能力，從我現在坐著的位置，我們看到整個山脈的輪廓。如果你能看到這些山脈，可能心裡會想：「我看到了山脈，它們非常美。風景宜人。」這聽起來很直接，不是嗎？

　　不管怎樣，我們並沒有真正看到整個山脈的輪廓，我們甚至每一次看都並沒有看見一座山。事實上，我們甚至看不到一個人的臉。這會兒試著去看一個人的臉，無論你從遠處還是湊近了看，你甚至可以在鏡子裡看自己的臉，現在把你的注意力全部放到前額，這時候保持專注於前額，與此同時，你能看到下巴嗎？當你仔細看著右邊臉頰，還能同時真正看到左邊臉頰嗎？你甚至能同時看到鼻尖嗎？如果我們

開始用這個方式去分析，就會對實際發生的情況是否能被標註爲「看見」，而感到疑惑。這也可以運用在聽、嘗或碰觸的過程。事實上發生著很奇怪的事 ①。但是只要我們不加過多的分析，看起來我們感知的方式就像每天平常的活動。

我在此嘗試解說的是看待實相或許有兩種方式，一個是感知模式（事物看起來如何），另一個是眞實模式（它們實際如何）。表面上和實際上，在感知模式中，對於我看到什麼沒有疑問，我看到面前的山。但事實上，眞實、根本地，沒有眞正一個事物被感知到，也沒有一個眞實的感知者。這就是所說的空性，它也被稱爲事物的本質。

這就意謂著，我們感知的一切事物都是先前條件或因緣的聚合所帶來的結果。如果一些事情的發生僅僅是一些因緣

---

① 確吉·尼瑪仁波切在描述我們的意識和感知的器官之間的相互作用。儘管可能看起來我們的眼睛是大腦的一個窗戶，我們其實只能看到自己注意力聚焦的一部分。當我們將注意力收攝，會發現每一刻之間，我們只能看到自己周圍世界很小的一部分。就像電腦，我們的腦將這些片段組合成一個連續感的實相。我們所說的實相，是由很多微小的物質組成，而即便是在現代物理學來看，它們最終也找不到存在的堅固基礎。因爲沒有堅固的物質，也沒有能力看到自己沒有注意到的任何事物，因此我們不再能確定「眼見爲實」這句話。

條件的結果，這就意謂著它缺少眞正獨立的自性，它是空的。

缺少獨立的自性也可以運用在時間的概念上。不能說過去存在，因爲它已經過去了；未來不存在，因爲它還未發生。現在這一刻也無法被指出，因爲你定義的此刻這個時間爲現在，但它已不知不覺成爲了過去。「時間」存在，只因爲我們把持在心中的經驗。

這個討論的目的是什麼？它很重要。如果我們允許任何在意識中形成的念頭自由掌控，我們便不自主地卡在了念頭中。那一刻，我們就不是修行人了。我們需要換個方式去思考，念頭當然會生起，但我們不會像平常人那樣去經驗它們。以事物眞實的實相看待它們，而不再執著於短暫的感受和念頭，這應該是我們修持的方向。當我們和經過的念頭和情緒的糾纏少了，我們與生俱來的智慧和慈悲就會開始增長。

學修指導 8

- 成為一個「修行人」，是要鬆開一切是固定和永恆的這個見地，並允許我們自然、良善的特質開展。為了做到這點，我們透過以實相看待事物的努力，而非僅僅基於顯現而接受它們。

- 醫生與護士可以算是一類修行人，因為我們真正嘗試去看到病人實際的狀況，而非以表面的顯現來做診斷。為了提升我們以慈悲來療治病患的能力，必會自然將這樣的職業心態延伸到我們生活的其他面向。

- 檢視我們生活在其中的這個世界，可以明白是什麼造成了我們的痛苦，就如同為了了解是什麼讓病人不舒服而為他做檢查：我們會看到痛苦並不是一個分離並能夠定位的東西，而是很大範圍內眾多因素集合而造成的。我們自心不知不覺構造出一個堅實、固有的真實世界。事實上我們和世界都是空的；我們的存在是我們與顯相的反應之間的相互作用。

- 明瞭實相之空的本質會減少我們對事物真實是什麼的無明，並讓我們能認識到自己如此執著的事物並不是看起來那樣地真實。當我們對一位不安的朋友說「別太認真；一切都會好的」，我們就已經觸及到了這個智慧。

- 但是我們不能只是決定自己不再把世界看成是真實的，並期待自己看待它的習氣會消失。為了以新的習慣替代以前的習慣，我們必須有次第地訓練自己。

9 開展慈悲的態度

　　之前我們提到了，在一切有情眾生之中，人類是最有能力的。這個能力來自我們的心，能思考的心。念頭可能善，也可能不善。經年累月地以特定的一種方式思考，便會形成習慣。當這個習慣是健康的，便能使人有能力做出巨大的善行。相反地，如果不健康或負面的念頭成為習慣，就會導致我們製造傷害。

　　基於這個原因，當我們早上醒來，應該盡己所能讓心中生起的第一念成為崇高的善念 —— 非常真摯和希望行善的強烈心念。我們應該讓自己早上的第一個念頭成為利益他人的真實願望，由這樣一個正向意願產生的動力會伴隨我們一整天。

　　甚至我們還可以比這個做得更好。我們在起床那刻不僅可以形成一個正向、高尚的心態，還可以在一天之中任何時

刻以那個願望來提醒自己，這會更加有效。原因是什麼呢？如果我們在早上建立起的一個健康心態並不是那麼強大，那麼它就很可能被遺忘。當一個思考方式的念頭或承諾是強大並有深刻體會的，它就不那麼容易消失。我們都有過深切的情緒經歷——無論正面還是負面——並且無論我們是不是想如此，它都會一整天或一整夜保留在我們心裡。如果你一天之中的第一念不但崇高，而且深切真摯，它將貫穿你一天的活動。

　　一些正向的影響也有可能在我們睡眠狀態中起作用。當我們躺下入睡的時候，無論是夜晚或任何時間，總是有一個階段是我們正要入睡時，我們稱之為「進入睡眠」，但它其實類似一個小型的死亡。入睡和死亡相似之處在哪裡呢？它們的相似之處在於我們日常生活狀態停歇下來而五官停止功用一段時間這個事實。當一個人進入深睡眠，躺在那裡的就是一個在呼吸的屍體。因為我們意識的持續性中斷了，所以早上醒來跟第一次誕生到這個世界很相似。不過，就在入睡前，總是有最後的一個念頭。我們試著讓最後那一念成為高尚和仁慈的一念，如果我們能做到，這一念的品質會貫穿

我們整個睡眠，這是有可能的。那麼，從一個精神層面而言，我們可以說睡眠就是有善德的。

同樣地，你可以不帶有任何特定心理架構地睡過去——不惡、不善、僅是中性狀態。如果是那樣，睡眠狀態將不會有任何特別的利益或傷害。如果你最後一念是自私甚至敵對的，帶著那樣的心念入睡會使整個睡眠狀態充滿不健康的情緒。這是一個簡單的想法，但很重要。不需要太多困難，也不需要太費力，我們便能保證讓自己生命重要的時段中都充滿良善。這個想法不是很好嗎？

如果你在白天感覺焦慮和憤怒，就可能在晚上重播這些感受。如果你白天感覺消沉或痛苦，就可能會在睡夢中經驗到相同的感受。帶有創傷性的事件，包含強烈的恐懼或驚嚇的一些事，也能在夢境中再次經驗到。我們生活中一些事件的迴響可能非常強大，而形成情緒的習慣或模式。幸運的是，我們具備有意識地形塑我們習慣傾向的能力，思惟的習慣是透過我們心中任何占主導地位的事物造成的。因此，如果我們讓自己習慣於一個崇高的心態，那麼它就能成為我們心的狀態之主導。

如果我們帶著一個良善或高尚的心態入睡，那麼我們醒來即刻閃現的第一念也是良善或崇高的機率就很高。這是業力的一個方面，即有意識地在自己心中種下一個念頭所帶來的業果。做為第一個有意識的念頭所帶來的結果，新的念頭出現也會反映第一念。雖不是相同的一個念頭，但因為前一念的力量而感覺很相似，習性就是這樣形成的。如果你入睡時感覺深深地不快，那麼在醒來那刻還會有那個感覺的殘留部分。如果入睡時你感覺傷心，當你醒來時會感覺滿懷喜悅，這似乎不太可能。對嗎？

　　如果我們在入睡時感覺充滿了喜樂和愉悅，那醒來時這樣的感受浮現出來的機率會大很多。這指出了有關心如何運作很重要的一點，而我們可以將這個認識很好地用在清醒的生活狀態中。舉例來說，有意願地保持對他人的喜悅和善意會非常有益，因為我們連結上的情緒有著崇高的一種心境。當這樣的心境對他人是有益的，對我們自己當然也很有利益。如果要用經濟學的名詞來形容這個利益，我們可以說是投資小、回報高。

　　我們可以在每一刻生起一個慈悲、崇高的心態，當我們

持續這樣做，會發現一種持續性和動力開始貫穿在我們心的狀態中。慈悲只是一個念頭，一種心的狀態。同樣地，惡念或惡願也只是一種心的狀態。如此，有意識並持續選擇慈悲的念頭，我們就能成爲更慈悲的人。

我們經常把人標註爲好人或討厭的人，但我們這樣評判的基礎是什麼？我們可能認爲人的性格天生就是好的或壞的，但我們真正看到的是他們的心理傾向——保持了一輩子的習慣。換句話說，我們以人們是否是習慣於高尚或卑劣的習慣性態度來做判斷。塑造我們的，是我們的習慣性態度，而非什麼核心個性。因此，習慣於健康的心的狀態，是極端重要的。隨著我們逐漸習慣於保持一個崇高的心態，我們也就慢慢會經驗到從任何限制或界限中解脫的利他之心的成熟。這樣一種利他、覺醒之心的基礎，已經存在於我們所有人的內在。

那麼，變得更慈悲的開頭步驟之一，是透過做到三件事而掌控自己的習氣傾向。首先，我們試著將負面的心態轉爲中性。第二，我們嘗試將中性態度變爲正向或健康的態度。最後，健康的心態轉化爲無念的覺醒。聽起來很困難嗎？大

部分善事都有難度。以不善的態度行事經常看起來更容易完成，而保持高尚卻極度困難，如果一個人付出的努力很薄弱，那麼要有顯著的進步也很困難。開展崇高之心需要努力，但這是非常有意義的，你投入的努力一定會有豐碩的收益。

學修指導 9

- 透過規律地提醒自己我們願意成為什麼樣，我們就會逐漸習慣於那樣。這是為開展出無造作慈悲所做的訓練之中實際且必要的一步。

- 慈悲，就像興趣、無聊或快樂，究竟上是一種心的狀態。幸運的是，為了有意圖地選擇形成我們心裡狀態的主要態度，我們有持續形塑自己傾向的力量。

- 我們應該提醒自己要有悲心和慈愛，不只是偶爾如此，而是刻意並持續地做——當我們早上醒來，整天之中任何我們需要提振的時候，尤其在晚上臨睡前——這樣，即使夢境都會因我們正向的念頭而獲益。

- 當我們逐漸習慣於保持崇高的態度，便會開始更規律地經驗到從限制和界限中解脫出來的利他之心。

10 慈悲的關鍵

慈心和悲心是心非常清淨和清明的狀態，達到那樣的清明和清淨讓心可以對其他人有更不凡的影響。我聽過一個西方的故事，一個小孩被壓在一輛汽車下面，他的母親憑一己之力便把汽車舉了起來，救出了自己的孩子。母親對孩子的愛如此偉大，在需要的那一刻賦予了她身體超人的力量，這便是愛和親情的力量展現。

被深刻體會到的慈愛和悲心會產生心的清明，一種親臨在你所關注的人面前的感覺。當醫生和護士真摯地關心一個人，這樣的感覺所帶來的一種關注會使診斷時的錯誤或偏差不容易發生。這種慈愛和關心也能夠鼓勵起病患的信心，病患能放鬆，在遇到病情嚴峻時也能夠從容。當醫生帶著誠實和友善的面孔，並且在話語中表達出真誠的關心和關注，病人的感覺會比其他人好一百倍。

當一個人感覺害怕和擔心時，遇到了一個有能力的醫生慈愛的話語和面孔，那他會生起信心和信任。我經常聽說當病人有了這類信任，快速病癒的機率也會提升①。很多醫生告訴過我，在一場手術之前，如果主刀醫生和病患之間建立了相互的信任，手術的效果會更好。這便是另一個慈悲力的例子。

對你的病人抱以真心的關懷還有另一個利益，那就是有創造力的思惟會更敏捷快速；你能更容易地回憶起重要的信息資料。你能記得有可能早已忘記的事情，你也能做出曾經看來不可能做的選擇。這樣一來，悲心和慈愛能實際幫助你以更精準的方式開展工作。

當我們感到生氣、急躁，甚至憤怒時，我們無法像自己希望的那樣開展工作。那些時候，我們會冒的風險是自己的所言所行，與通常自己會說和會做的背道而馳。如果我們真

①世界尖端醫學雜誌之一《柳葉刀》刊登的一片文章，文中回顧的一項研究是關於慈悲照料的影響給病患所帶來的結果，得出的結論是：一項相對持續的研究報告宣稱，當醫生採取一種溫暖、友善和使人安心的態度給病人帶來的影響，遠遠比例行問診並不再給予病人安心的行醫方式有效。

的憤怒至極，我們可能說出的話是自己在一般情況下連做夢都想不到的。憤怒有一種很強的負面力量。因此，正面情緒有力量，負面情緒也同樣有力量。

當慈愛和悲心融入了智慧的清明，這樣合併產生的力量是真正不可思議的。但慈愛、悲心和智慧的這些特質從何而來？它們是我們已經擁有的東西嗎？的確如此。一種慈悲的心態，和智慧的能力，是每一個人、動物或任何型態的生命已經具備的，那是心本具的特質。你可以說慈悲之光已經在閃耀，就像月亮已經在天空升起。但是，不時會發生的是月亮被自私、惡意和其他煩惱的烏雲遮蔽了。因此，我們要做的是確保這些惡意、欺騙、對抗等烏雲從天空淨除。那我們如何可以做到呢？

我們需要訓練自己成為那樣。這個訓練並不一定是佛教的。因為慈悲是我們自性的基礎，訓練慈悲包含了消除那些障礙我們自性慈悲顯耀出來的烏雲——覆障。對此要邁出的最基礎一步是學習放鬆，任何能幫助你學習深度放鬆心的建議或課程都將非常有助益。無論我們跟隨一條心靈道路，或是投入任何一類的宗教修持，如果我們單純從內在去放鬆，

我們將不會與任何信仰體系發生衝突，這不可能發生。這是第一步。

放鬆的訓練

我們如何放鬆自己的心呢？任何有效的方法或技巧都很好。不過，最好是以自然的方式。有些藥物也能幫助心放鬆，但它們也許只能在一定程度有效。然而，如果不依靠外在的物質而心能自己放鬆，不是更實際有效嗎？我想大家都會同意如果心自己能放鬆，將是更好、更有益的。那麼，我們如何去做？

我們需要試著讓身體放鬆——越放鬆越好。但如果身體放鬆了，心卻還是緊繃或不安，也還不夠，內心放鬆是更重要的。事實上，當我們內心徹底放鬆，身體也會自動放鬆。那麼，我們如何開始放鬆自己的心呢？只要我們一直被不斷流動的念頭占據，心就不會放鬆。我們越是能停止被念頭束縛的忙碌，心也就能有同等程度的平靜和放鬆。

通常人們在工作中都會穿插休假時段。同樣地，我們也需要給平日的活動配合訓練。我們可以在規律的活動中進

行短暫的休假，而我們把這個假期叫做訓練時段。在假期中，我們不需要擔心任何事——我們可以忘掉日常的義務和責任。以此同樣的方式，當我們在做訓練，那就是一個我們可以放下被念頭占據的時段。比如說，我們通常會讓自己有十五分鐘的休息時段，讓身、心只是放鬆著。這樣的休息時段帶來的影響可以延伸到一整天，它的作用能讓我們在不同情況下再次連結上放鬆的感受。

爲什麼我把這個休息時段叫做訓練呢？我們在訓練什麼？我們訓練自心不爲任何事焦慮，並放下我們對生活的希望和恐懼；我們也訓練不分別，放下對我們喜歡或不喜歡的事物的分別。當我們對某件事或某個人生起貪執，我們就經常會沉溺在這樣的貪執中。如果我們完全讓自己沉溺在這個貪執中，特別是當我們得不到自己貪求的事物時，渴求就會製造出緊張的壓力。對於我們不喜歡的事物，也同理。在嘗試迴避自己感覺不舒服的一個人或一些事的時候，也會對我們造成煩惱。

如果我們放掉那樣的方式，會怎麼樣呢？如果我們停止在內心追隨自己所喜愛、逃避自己不喜歡的事物，會如何？

如果我們只是讓自己內心放鬆呢？內心保持一個中性的狀態能夠帶來一種平靜的感受。經驗中性的感受或念頭的一種方式，是單純地留意自己的呼吸。留意我們呼吸的進出，並不是什麼特別有吸引力的活動，但也不會讓人厭惡。同時，你不需要造作任何不是在當下發生的事情；而呼吸是你已經在做的。因此，透過運用呼吸來訓練放鬆，我們可以讓自己僅僅留意到已經在發生的。我們在吸氣，這是正在發生的；當我們呼氣，也是正在發生的。我們單純這樣去留意任何中性的事物，自然而然地，我們會感覺更自在，更放鬆。當我們自己放鬆和自在了，也就更容易自發性地感覺到慈愛和悲心。反過來，當我們感覺僵硬和拘謹，也就更難感到慈愛和悲心。

　　我們把執著和憤怒看作是擾亂自心的負面情緒煩惱。為了深度放鬆，我們需要不被執著和憤怒這類相對更明顯的感受占據；同時，相同的情緒更細微層面的喜歡和不喜歡，也是我們要讓自己解脫的。迷戀和暴怒是極度加強的貪和瞋，如果我們至少能做到沒有迷戀和暴怒，那必然會感覺更放鬆和自在。但即使我們只經驗到內心很細微形式的喜歡或不喜

歡，也會讓我們無法完全感覺放鬆。因此，很重要的是要有意願達到一種完全的平和感受。平和意味著不被喜歡和不喜歡干擾。

當我們有愉悅感受時放鬆——放鬆和自在本來就是很好的感覺。同時，內心自在也有可能減少疾病，你或許因此而不會經常生病。如你所知，當一個人的身體和環境之間失去平衡，就會出現一些疾病，另一些疾病是因為身體之內不同因素的失衡引起的。如果環境太惡劣，就會讓你生病，營養不均衡，也會導致疾病。然而，一些疾病單純是因為內心的狀態而引起，比如心中的絕望和悲傷太重，或是有太多憤怒和憎恨，或滋生了強烈的嫉妒。這些強大的煩惱可能導致你身體出現病症。

任何在你心中沉積太久的極端情緒，都會導致疾病。因此，為何放鬆的心態那麼有益有這麼多原因了。如果你很關注於幫助別人，也最好是能比較放鬆。放鬆對個人來說也有很多利益——讓人自然感覺很好。平靜的心是一個很值得去達到的目標——平靜、善意和智慧的心。我們或者可以說：「平和的心、善意的心、清明的心。」平靜能使你慈悲。當

我們的慈心和悲心是開放、不偏頗和無限的，我們就能經驗到更棒的清明感和更敏銳的心態。這就把我們帶回到我之前介紹過的佛法中的那句話：充滿慈悲的空性。我們現在便可以開始欣賞它更深的意義。

　　我建議你們每天能用十到十五分鐘來培養內心的放鬆。不過，這十五分鐘之外，你一天中其他的時間怎麼辦呢？我們需要一種方式提醒自己無論情況如何，在所有狀況中都能放鬆和活在當下。因為當任何時候我們對自己有深刻的自在感受，那就是真正的假期。就在那一刻！你不需要到另外一個地方才能做到。你不需要為了試圖有那樣的感受，而提早規劃時間放假幾天。你可以在任何時間、任何地點帶給自己那樣的經驗 —— 甚至坐在馬桶上時！那不需要付出巨大努力或是昂貴的花費，它即刻就可以獲得。多麼好啊！

　　放鬆的心其實就是真正的度假。當你從一個真心滿意的假期回來，留意到自己整個心情和氛圍都發生了改變。如果假期過得很好，你能真正放鬆，就能消除壓力，而當你從假期回來，你就會感到更溫柔與慈愛，幾乎達到了轉化的效果。這是怎麼來的呢？這就是從你每天忙碌的念頭中成功地

放假而得到的結果。

　　我們需要學習放鬆和自在。不時有片刻的平靜，是否就夠了呢？如果我們能夠持續地放鬆，效果當然更佳。如何能做到這點？我們學過的每個技巧都是在形成一個新的習慣。我們如何形成新的習慣？透過訓練，透過修持。沒有訓練而能成為某一方面專才的人，極為罕見。每件事只要練習，都能變得容易。因此，讓自己輕鬆就是你能訓練，並透過修持而變得容易做的事。

　　儘管如此，如果我們只把自己如何放鬆當作理論，那它就不會發生。它需要我們親力親為而帶來的經驗。當我們想到訓練自己放鬆，可能會感到我們不需要每天專門花十五分鐘去做這件事。我們也可能感到內心有抗拒，想說：「我不確定自己是否真的想這麼做。」這樣的想法並不能改變透過一定的訓練而達到的自在和放鬆所能帶來巨大利益的事實。這不是你只透過閱讀的內容，就能欣賞到的。語言所能傳達的利益還不夠完全，你只能透過自己修持而獲得經驗。

學修指導 10

- 我們每個人內在的本然、不費力的慈悲，已經是現前和完整的。實際上，我們的本然慈悲被情緒煩惱和念頭遮蔽了，就如同湛藍的晴空被雲霧遮蔽，而雲霧並不能改變本具慈悲的本質。

- 我們首先必須學習的是放鬆，目的是為了要清除遮蔽自心的煩惱和二元思維。我們必須讓心平靜，因而它們能變得和善，由此我們便能開展清明的思惟。

- 每天坐下來幾分鐘，能讓我們的心逐漸平靜，就像去度了一個小小的假期。

11 學習禪修

到目前為止，我都只談了放鬆的訓練。不過，「訓練放鬆」單純是禪修的另一個術語。而說到「禪修」這個術語，實際上是什麼意思呢？這個詞指的是範圍很寬的一系列修持，但從佛教的觀點來說，我們把它們所有的方法歸納為兩類：一類是作意的禪修，另一類是不作意的禪修。不作意的禪修訓練更趨於完美，更有效，更清淨，也能更自然地超越任何需要被消除的。因此，它是最好的。

然而，如果我們未曾學過認出自己的根本自性，不作意的禪修就不會有效果。缺少了安住於我們根本的覺知，我們就會持續散亂。我們會生氣、會生起執著、會昏沉、會緊抓著這個或那個不放。我們太習慣於以堅實的主體與客體的方式去經驗世界，並且似乎不會用其他方式去感知。即使當我們認識到了自己習氣的強大，並試著能自主、自然和無造作，但我們還是不太能逃脫其左右，那麼就還需要其他一些

東西。如果我們還未被引介自己基本的自性，或者還未習慣它，那麼我們可能需要運用一些有作意的禪修方法，由此做為不作意的禪修方法的基礎。

幸運的是，過去幾個世紀的修行人，已經用自己的經驗證實了很多方法，是我們可以選擇的。一個好的方法能即刻幫助你減少煩惱情緒，也能即刻幫助你增進本初善的特質。

禪修動機

當我們開始練習禪修，很重要的是以一個正確的動機做為開端。我們對待自己的訓練需要有一個適當的態度，我們可以對自己說：「的確，我希望能更平和，但我主要的意願是能更慈悲，並開展出更多的洞察力、智慧和悲憫心。這就是為什麼我花時間來禪修的原因：不只是利益我自己，還要透過這個修持利益其他人。我希望能幫助他人能更清晰、更有溫情和悲憫。」在禪修之前生起這樣的動機是很重要的，形成這樣一個動機本身就是正向的行為和善行。

當我們坐下來讀一本關於心靈修持的書，情況也完全相同。如果我們想要透過自己的努力真正利他，重要的就是在

開始之前要有一個正確的心態。我們想要為這個追尋精神層面的修學機會帶入一種喜悅和感激之情，這樣的追尋本身就是一個崇高的追求。你不希望像讀其他書的時候那樣躺著、注意力不集中、半睡半醒。你希望能坐端正，並確定自己是頭腦清晰並心懷感激的。你希望從閱讀中得到法喜，並對自己說：「如果這本書裡面有殊勝的內容，我願意把它結合在自己的生活中。我希望把從中了悟的內容運用到利益自己和他人。」這樣的話，我們對甚深要點的理解就能遠遠清晰過隨隨便便讀它所得。

帶著同樣的態度，當你坐下來禪修，首先用片刻時間去思惟：「好了，這太好了。我已經做到了拿出十五分鐘（例如）來做真正積極正向的事，而且我要用這十五分鐘來提升自己。這是目的所在。透過這個修持，我希望能幫助無量的眾生，不限數量，一切無量無邊的生命。我願意透過這個修持展現的功德去利益他們所有人。」如此以來，在禪修過程中都會帶著一種喜悅的感覺，你能真正感激有這個修持和訓練的機會。如此一來，你的禪修會更加有效，更能帶來成果。

你坐下來禪修應該帶著一個理由。透過自己的聽聞、學

習和思惟，自己將開始明白訓練放鬆和禪修的利益。當你完全信任這些理由，就能夠對修持有更多確信。

我們可以從個人的經驗得知每個人都有好的一面和差的一面。好的一面是我們有智慧、慈悲和善意。這些功德特質就如同種子，深植於我們的自性之中。如果沒有這些種子，沒有開發自己智慧和慈悲的這個潛力，那麼試圖開展這些功德特質，也絕對沒用。那將是不可能的，因為沒有這些功德的種子，它們就無法生長、開展。

佛陀說一切眾生皆是佛，但它們的心被暫時的覆障遮蔽了。當這些覆障除去，清淨和圓滿的真佛就會顯現出來。我們的佛性就如同一個無價珍寶，現在還沒有被認識出來，因為它被泥沙包裹住了，它的真實價值沒有顯露出來。我們基本的自性就是這個無價珍寶，泥沙是我們的執著、瞋怒和心胸狹隘。當這些暫時的覆障去除，我們就會獲得解脫。禪修訓練便是除去暫時覆障的方法。

關鍵的一點是，如果你不把暫時的覆障認定為是不符合自己需要的，那你就不會試圖去消除它們。如果一開始你就不相信它存在，或者不認為它是問題，你怎麼會想要透過修

持去除它呢？這是理解訓練禪修的原因所必經過程的一部分。當你認定暫時的覆障是一個問題——一個巨大的問題，關於對此要做點什麼，你就能產生動力。

如果你是醫療專業人士，遇到了一位輕微生病的人，你不會把他看得很嚴重，這很自然。不過，如果你遇到的人真正病得很重，那麼你不會浪費點滴時間，你會即刻介入並開始治療。同樣地，如果你認識到自己的覆障是個嚴重的問題，便自動會產生動機去將它們進行清除。

我們也需要專注並欣賞自己良善的特質。不能認識到自己的良善特質，那將很難培養它們。換句話說，我們需要看到自己應該克服的覆障，但也需要培養已經具備的良善特質。非常重要的是認識到我們負面的特點並不是本性具備的：它們可以被消除，但它們不會自己就消失無蹤。就像某些類型的疾病，負面特徵因為暫時的狀況而發展出來。那時，如果沒有必要的介入，疾病就不會消除。如果以治療疾病來做比喻，它必要的條件有醫生、藥物、治療等缺一不可，這些介入的因素有助於療癒。相類似地，我們要消除覆障、開展慈悲，也需要老師、教導和方法。

　　爲了從暫時覆障的「疾病」中解脫，我們首先需要有健康的願望——從負面的特性解脫，比如像貪婪、瞋恨和心胸狹隘這些特定的煩惱心態就像種子。我們需要認識到，如果它們被允許生長，這些種子就會發芽茂盛。如果這些種子最後成熟爲鮮美、愉悅和可以被享用的水果，那會很好。但它們不會帶來那樣的成果，負面煩惱情緒的成果被看作毒素——你如果吃進去，就會生病。當你展現出那些情緒，也會讓其他人不愉快。它們立刻會造成負面的氣氛，長期下去還會帶來不快樂和災難。想從負面情緒解脫的願望，來自了解它們會帶來這類結果，這是一個很實際的態度。

　　當我們越能夠認識並指出情緒煩惱的結果，開展慈心、悲心和洞見力的願望就會越眞誠。正向情緒會更自然地出現，而我們對它們的價值和力量所生起的信任也就能開展。信任意味著我們明白它們如何帶來利益——即刻的利益和長遠的利益。我們越眞誠地欣賞這些特質的價值，就能越朝自己也顯現出同樣高尙的特質靠近。如果我們眞的希望得到什麼，如果我們感到這個急迫性，就會爲達到目的做出努力，我們會廢寢忘食地去實現自己的願望。對於我們的心，也是如此。

我們越能開展從煩惱解脫的願望，就越欣賞高尚的特質。這也就相應地會使我們的禪修訓練更誠摯，由此更有成效。

善巧方法

當我們以旁觀者身分去看待藏傳佛教修行人的各種活動，我們會看到他們做著很多不同的事情。他們會把鮮花供奉在佛前，或在聖地點燈供養；他們會在上師或聖地遺跡前合掌、頂禮；他們會在朝聖的地方繞行。除了靜默禪修，佛教徒還會進行很多類似的各種修持，如果我們進一步仔細觀察，我們會發現他們為什麼會這麼做。每一個動作都有象徵意義，也是消除一種特定煩惱的對治法。舉例來說，供養是消除慳吝的方法；禮拜作揖是消除自負和傲慢的方法；甚至像道歉這種表面看很直接的作法，也是消除憤怒和不滿的方法。每一種不同的修持都有一個明確的目的，當它們運用恰當，就會非常有效。

其中有些方法看似迷信傳統的遺留物。但它們是內心之毒的有效對治法。如果帶著好的動機，那它們毫無疑問會有作用。儘管不去探究更加高深難懂的其他方法，我們至少還

是可以欣賞認錯所帶來的價值。在精神修持中，認錯致歉是
非常有利益的，在比較世俗的層面也是如此。如果你跟一位
朋友有了誤解或不和諧，當你認錯道歉，就能消除誤解，這
會讓不好的感覺蒸發消失。或許就是簡單地說一句：「我很
抱歉，我不是故意的。」最親密的朋友之間也都有可能產生
誤解，你並沒有故意做有傷害性的事，但因為不小心，或因
為你自己困在負面情緒中，以至於造成了一些麻煩。突然間
你們不合了，突然出現了不和諧、傷害和痛苦。如何修復這
樣的情形呢？最好的方式便是道歉。

　　道歉有很多方式。如果你並不真誠而很唐突地說「對不
起」，那沒有用。有時候不真誠的道歉甚至還會被理解為進
一步的批評。道歉的最好方式是什麼？你要發自內心地去
做，你需要在你心裡、言語中和行為上表達出希望對方快樂
的真誠願望。即使讓你為之道歉的行為帶來過嚴重的裂痕，
透過真誠的致歉，你也能完全修復和諧，甚至能成為比過去
更親近的朋友。

　　我們都需要把這個記在心裡，並在需要的時候用出來。
情緒有可能非常強大，即使我們願意道歉，但也似乎做不

到，那可能需要一些時間。無法道歉的時光，可能就在一天，一個月，一年，甚至一輩子之中過去了。那非常痛苦，很讓人傷心，雙方都要承受痛苦的結果。道歉卻很有力量，這也是用好的方法帶來有益結果的一個例子。

心先平穩，再進入深觀

禪修的目的是消除內心的負面特徵，而彰顯我們本自俱足的良善特質。這是我們在禪修時需要具備的態度。當我們一開始禪修，內心帶著某些想法去做是比較實際的。我們可能還不習慣於完全開放、自然，能容納心中任何生起的，完全沒有參照點的狀態。我們如果不能像那樣，那就用一個對境來做為心的焦點而修持，會更加有效。

保持在心中的簡單事物，是像你的呼吸那樣一個中性的對境。只是注意到它，不去思考或分析它。當我們專注在呼吸上，會避免心散逸到其他念頭和情緒，僅僅嘗試注意到呼吸從你的鼻孔進出的狀態。這樣做並不需要太多作意，只是自然注意到你呼吸的活動；你不需要去分析或控制自己的呼吸，只是注意到它感覺起來是怎樣的——很放鬆，很自然。

這裡主要的一點是保持內心放鬆、平穩。你現在便可以放下書，去嘗試幾分鐘。

透過這樣的訓練，我們能夠達到什麼？當我們禪修時，並沒有抗拒任何事物，我們只是注意自己的呼吸。我們的注意力有一個焦點，但它是中立的。我們逐漸能將這些時刻串連起來時，就能得到一種自在的感覺——平靜的一種心的狀態，這便是修持的利益。

當我們坐下來留意自己的呼吸，可能會注意自己偏離到了念頭中——可能是關於過去某事的回憶，或是我們對未來的某個計畫，也或許會被現在發生的某事干擾，不管是哪一種情況，我們都是在想呼吸之外的某件事。當我們發現自己散亂了，需要一再地提醒自己回到關注呼吸，我們不需要對自己太嚴厲——別忘了我們在修持的是如何完全放鬆。我們只需要重新引導自心一次又一次地回到呼吸，需要提醒多少次都可以，因為心一般都非常活躍，容易被干擾，這個練習或許不容易做到，但會越來越容易。有練習，才會帶來完美，我們越常去訓練，做起來就越簡單。

到了一定時候，我們就能把心的焦點放在呼吸的感受

上，超過十五分鐘，專注也不會散亂。如果我們真正能掌握這點，就有可能整個鐘頭都保持在完全的平靜之中。佛陀曾說：「除非你的注意力保持平和，否則你看不清楚。」這個「看」實際上是非常深奧的要點，它是智慧的精髓，超越概念的清晰洞見。有一種知道的方式是概念性的，另一種知道的方式是非概念性的。

這個清晰照見的無念覺性，是佛法修持的精華所在。首先，我們需要確切地認識出那是什麼，接著我們在這個認識中訓練自己達到完全的穩定。穩定於無念覺性，就等同於完全的解脫。一切負面特質都停息，會允許我們正面的特質自然顯現。無造作的悲心便是從無念覺性中顯現的特質之一。

無念覺性同時具足空和覺。空的意思是沒有什麼可以被指出，就如同開放的空間；同時有著對當下任何發生的覺醒特質。這兩種特質，空和覺，聽起來是兩個分離的事物合在了一起，事實完全不是那樣。它們不可分，就如同用水做例子：水和它濕潤的特質是不能分開的。這樣的覺空不二是無形、無架構的。任何形塑的事物都會毀滅，但這個基礎的自性不是形塑起來的。

學修指導 11

　　現在我要給予更正式的指導——如何用呼吸做為對境來做禪修的練習。只是承認自己需要禪修，並不能為我們帶來真正的影響。我們心中的這個理論可能非常清晰，我們也能例舉出很多利益，但只要還是停留在理論，就不會對我們有幫助。能在放鬆之中進步的唯一方法是修持，我們應該讓自己去嘗試，並看看是否會有利益。

　　我們從調整自己的身體做為開始。談到身體坐姿，最重要的一點是你的後背要打直，不應該有緊繃或僵硬，而是穩固和直立，同時肩膀放鬆。如果你是盤腿坐著，很好。如果你已經有盤腿打坐的習慣，那就不會很困難。佛教徒修持的時候偏向於以盤坐的姿勢，但如果這對你來說很困難，那麼坐凳子完全沒問題。我們坐的方式只是關乎於我們的習慣，不是嗎？當我坐飛機到美國途中，我先是雙腳放在地上。但過了一段時間，這個姿勢讓我開始感覺不舒服，最後我盤腿坐在飛機的座位上。我旁邊的人看到時表情很好笑——他認

為我有點奇怪。但這僅僅是習慣的問題。

所以，你需要把後背打直，但是放鬆。你可以把手輕鬆地放在大腿上，左手在下，右手的手指放在左手掌上面。兩個大拇指尖輕輕靠在一起，形成一個圈，這叫做結定印。如果你雙手分開放在大腿上，也是可以的。如果你開頭的目的是訓練自心平和下來，那麼最好是閉上眼睛，因為如果你眼睛睜開，會開始對出現在視線裡的事物東想西想。究竟上，真正的修持並不只是為了感覺平和，而是以開放和廣大的方式安住於平靜。

一旦你的身體擺好一個穩定和放鬆的姿勢，就把自己的注意力引導至呼吸的活動。感受自己的呼吸從鼻孔進出，試著將自己的注意力保持在呼吸上，感覺它從鼻孔出入的狀態。心自然會遊走，因為這是它當前的習慣。但是隨著修持，持續把注意力一再地帶回到呼吸，你會更快留意到心在遊走，而自己的專注會更加有力。

經過一段時間的訓練，你自然的狀態有了些許變化。你有了更平和、安靜的經驗。當你在練習結束之後站起來四處走動，似乎你心的狀態也有了一些變化。你感覺不太會被干

擾，更穩定了，那便是這個訓練的效果。我想大家都會同意值得去這麼做。

當你坐下來禪修，不需要回憶過去發生了什麼，也不需要為未來做計畫。每一個短暫的瞬間之中，都沒有需要形成關於你的感受、聽到或任何其他身體感覺的念頭，你需要關注的只有一件事，那就是呼吸從你的鼻孔進出的感受。只是當這個在發生時，去留意就好，這之外你不需要任何其他事物，只是放鬆在一種平和的狀態，單純地留意呼吸。很重要的是不要做任何造作的事，你已經在呼吸——就只是注意它。當你吸氣，那就自然地吸，不用努力去吸氣；當你吐氣，就如你自然吐氣一般地呼出去。你不需要有意識地控制你的呼吸，單純去留意就好。

你可能會發現自己的注意力無法完全放在呼吸上。這一刻你在留意自己的呼吸，接著你看到自己的注意力飄走了。即使沒有想要去思考其他事，這也會發生。不是真的嗎？你在呼吸禪修中的訓練，便是留意到專注力從呼吸偏離開，並將注意力再帶回到呼吸，一再如此，那就是「訓練」。我們可以將它稱為禪修，但我個人更偏向於用訓練這個詞，我們

可以把它想成訓練自己安住在平靜中。

當我們開始訓練自己平靜下來，為了要避免心散逸到其他事情上，於是把注意力引導至呼吸這樣的對境。然而，像我之前已經提過的，這並不是我們最終的目的。在以一種很簡單和中立的方式專注於我們的出入息一段時間之後，我們更穩定下來，並發現不用一個對境來專注是可能讓自己平和並安住於當下的。那時候，就不用專注任何事物，我們單純是平靜且在當下的，很開放，無需在心中刻意依賴任何事物，就是非常開放、當下並安住的狀態。這樣訓練一段時間之後，某一刻我們會發現一種完全開放的狀態，其中的覺知不是造作的，也不對任何事物製造概念。它非常鮮活、生動，就像虛空那樣空，而非常覺醒——解脫出對概念的形塑，但並不是任何盲目或遲鈍的狀態。那便是所謂無念覺性所指的狀態，它是我們的本質自性，單純就如是。

當我們開始有了本質自性的經驗，那就被稱為認識出。一段時間之後，就只是對這個認出有了一瞥並不夠，我們需要在其中訓練一而再地經驗到它，那才是它的力量如何增長並圓滿的過程。究竟來說，即使那樣也還不夠，我們最後要

達到在這樣的醒覺開放中不再動搖的狀態。換句話說，我們獲得了完全的穩定，那是我們究竟的目的。

　　隨著修持的進展，我們注意到自己偏向於盲目的執著、憤怒、狹隘等等習氣開始減少，它們不再那麼有力量。我之前解釋過的功德特質：慈悲、愛心等等，會自動生起。最後，當負面特質完全消失，殊勝的功德不斷生起，會有一種無造作的本然狀態的完全穩定。那就是完全的無造作，那就被稱為證悟，成佛。除此之外，別無其他。

12 學習監測我們的心理狀態

　　經驗到自然生起的慈悲心的關鍵，是製造心能放鬆的一個狀態。但是，還有其他方法也能幫助慈悲心延伸到他人。這些技巧包含逐步、有次第地生起慈悲的態度：第一個階段是嘗試不把自己想得比其他人重要；第二個階段是試著在內心把自己放在他人的位置上──有意願去自他交換；第三個階段是把他人看得比我們自己更重要。

　　我們在一開始沒辦法把他人看得比自己重要，因為那的確非常困難，這便是為什麼我們有開始兩個階段的練習。慈悲心的第三個階段有做為它基礎的慈愛和親切的深廣感受。大部分母親當自己有了孩子，都會經驗到第三個階段的慈悲，會把孩子看作比她自己更重要，她們大部分人在生孩子之前不會經驗到這種心態。在有孩子之前，女性通常都感到自己的感受和安全是最重要的。不過，只要孩子一出生，母

親的態度會自然有一個轉變，孩子成為更重要的一個人。母親（或父親）對孩子的感受是我們在修持慈悲心的第三個階段的一個極好的例子。

　　是什麼引起母親或父親態度的變化呢？這其中肯定有原因。這個原因就是愛和親情，一種非常強大的慈愛和關懷的感受，在父母對待他們的孩子時便會生起，這是非常清淨的。是什麼讓它清淨？是因為父母實際上不會期待從孩子那裡獲得回報，這是很重要的一點。當愛需要回報，那麼表面上它看起來是清淨的，但實際上更像是生意上的交易。

　　人們總是談論著關於愛的主題——朋友之間的愛、伴侶之間的愛。彼此關懷的人相互經常會說：「我愛你。」他們感到彼此非常親近時都會這麼說。但是愛真正意味著什麼？我們需要更深入一些去觀察，或許我們並不清楚真正清淨的愛是什麼。兩個人非常相愛時，經常會告訴對方：「我真的很愛你。」但是，假以時日，其中一個人可能就發現他們真正愛的並不是另一個人，而是從受對方吸引而得到的愉悅感受。當那種被吸引的感受減少，愛的感覺也就消失了。如果沒有了吸引力，愛便蕩然無存，那很令人難過。

這意味著愛並不清淨純潔。有時候認為彼此真愛的愛侶們發現關係出了問題，逐漸他們也開始經歷到困境，開始發生口角，如果他們不能解決問題，就可能試著從心理醫生那裡尋求幫助。或許表面上的問題是個小事：其中一個人想去旅遊，另一個人說：「我很討厭旅遊。」這件事很小，但它可能是兩人相處不融洽的一種徵兆。人際關係的基礎是什麼？不是愛嗎？或是彼此需要？如果兩人的關係建立在彼此的需求上，那麼如果其中一方對另一方的需求減少了，愛也就減少了。

愛需要建立在關懷和尊重上。如果愛建立在純真的關懷和尊重上，這種愛就非常純淨和穩定。你可以稱之為「不可動搖之愛」。但如果愛建立在吸引或需要上，那麼它會很脆弱、膚淺。母親對孩子的愛便是不可動搖之愛的一個例子。母親對孩子並沒有期望和希求有所回報，她不會說：「我希望有朝一日我的孩子會給我煮一杯咖啡。」

因為愛的這種強大感受，母親自然會學習忍耐。透過愛，她學習精進；透過愛，她學習專注；透過愛，她學習覺知的意義為何。無論孩子在哪裡，她都知道。一位母親在跟

你談話，但她思緒的一部分是在自己孩子身上的，她心中一部分總是跟隨著孩子的動態。所有這些覺知、耐心、精進和專注，都來自於對孩子清淨的愛。無論一位母親需要從事什麼、在任何情況下，她一秒鐘都不會忘記自己對孩子的責任。藏文中我們將這樣的特質稱為 drenpa，意為正念。

修行人需要開展他們自己內心的正念——就像一位母親對自己孩子安危的正念那麼強大。你可以說一位母親對自己孩子的幸福所投入的正念，幾乎是沒有中斷的。如果她的孩子還是個小嬰兒，母親會持續地憶念著她的孩子——寶貝怎麼樣？會不會餓？會不會渴？是不是會受涼？一切是否安好？諸如此類給予孩子持續的關注。修行人需要的，就是那種程度的注意力和關注。

為了最終能夠帶給我們的心更好的影響，首先我們需要能監測到自心正在發生著什麼。生起的念頭是負面還是正向的？我們的態度在每一刻是怎樣的？然而，只是檢測我們的心理狀態，並不能帶來任何變化。如果發現自心處於負面狀態，我們要能夠引導它轉變方向，這是可能做到的。我們可以改變方向，將一個負面心態轉變為中立，或平衡的心態；

而後再將一個平衡心態轉變爲健康和崇高的，這是可能做到的。但是僅有一個崇高的心態還是不夠，因爲甚至一個崇高的心態也還是有一種抓取的感覺——內心把持著一個概念，我們製造出一個讓負面情緒再次出現並開始累積的平台。

　　無論哪一種負面情緒生起的根本原因，是我們的注意力從明空的本然狀態偏離到對自己所見形成念頭或情緒的狀態，這種狀態被形容爲二元思維。爲了知道我們的一切痛苦的根源，我們有必要理解二元思維是什麼。因此，不要把它當作是超越我們理解力的事物而放開它，而是去思惟：「這是眞的嗎？我有沒有對此理解呢？」這樣想會有幫助。

　　你應該持續地觀察二元，直到自己對它是否眞實產生確信。如果你只是閱讀這些文字，並模糊地承認它可能是意識的一個貌似有理的理論，這跟你自己對此確信是不同的。如果希望對此開展出眞實的理解，並透過分析釐清自己的困惑，每一個人都需要自己去解決這個問題。

　　一旦你基於分析而開展出堅定的確信，那麼就能運用正念去檢測自己是否很好地將洞見結合在自己未來的生活中。如果正念的開展如同母親對自己孩子安危的警覺，你就能在

超越煩惱情緒上有飛速的進步，並無限地擴展自己的智慧和
慈悲。

學修指導 12

- 有三個階段去培養慈悲心：1.不再認為自己比他人更重要。2.開始去思惟他人和自己平等。3.認為他人比我們自己更重要。

- 為了在這三個階段依次進步，我們必須開展自心的一種如同父母對待他們的新生嬰兒的正念狀態。

- 如果我們有一種正向的態度，就能從中得到滿足。但如果我們的態度是負面的，就必須立即將它導正。

- 為了開展出一種真正積極的正面態度，我們必須透過修持而超越二元思維。

- 聞、思、修三者能幫助我們結合自己所修持的各種元素，由此，我們希望開展出真實的慈悲就不只是一種願望。

13 具德上師之功德特質

　　在佛教傳統中，極其重要的是尋找一位相應的上師來指導你達到目標。我之前提過，即使我們所有人的本質自性都已經是內在本具的，然而我們沒有上師的指導就不能夠認識到自己的本質自性。不正確的上師有可能引導我們去向不適合的方向，因此很重要的是先思惟一位具德上師應有的特質。具德所指的是我們能夠求證為真實的、真正的實相能參照的人事物。在佛教裡面，它指的是一位淨除了所有瑕疵、錯誤，並具足了所有圓滿功德的人，這是「真正具德」的定義。真正具德的上師被稱為佛，過去曾出現過無數尊佛，現在也有諸佛存在，而未來也會有更多。「現在佛」指的是我們歷史上的佛陀 —— 釋迦牟尼佛，二千五百多年前在印度出生為悉達多太子，後來成佛並教導佛法的世尊。

　　當我們說佛是清淨無染的，所指的是哪一種染著呢？染著指的是兩種覆障和習氣 —— 我在第七章簡略介紹過。覆障

指的是任何障蔽我們真實自性的，第一種覆障是煩惱障，意思是憤怒、貪執、傲慢、嫉妒、狹隘等。佛法稱有八萬四千種不同的負面煩惱情緒，完全從所有這些煩惱情緒中解脫，也就是解脫了煩惱障。第二種覆障稱為所知障，指的是對自己的經驗形成的概念，這些概念造成了我們所感知的和事物實際的本質之間的障礙，所知障阻礙了真實智慧的生起。習氣指的是即使我們有可能已經透過修持在短時期內從兩種覆障解脫，但它們再次生起的傾向依然存在。還留有習慣模式，就如同我們在白天的情緒經歷還會持續到夜晚的夢境。

　　一位真實純正的導師，也就是佛 —— 不僅僅只是沒有過失。能成其為真正具德的上師，一定的特質必須具備。這些特質被稱為兩種智慧，第一種智慧指有能力看到事物的真實本質 ❶；另一種智慧是指能力，在安住於自己無有限制的本質自性的同時，也知道任何時間、任何地點、任何可能的存在 ❷。

---

❶ 如所有智。

❷ 盡所有智。

「任何可能的存在」所含攝的是什麼呢？它不只是意味著一個世界或一個宇宙。佛陀的周遍覺知能涵蓋同時存在的一百萬個宇宙。這些宇宙不完全處於同樣的進化階段，有的還在擴展的過程，有的已經完全展開並將保持一段時間；有的在壞滅的過程中，有的則已經壞滅並完全消失。一百萬個宇宙處在不同的階段。

在每一個宇宙之中也有無數的有情生命，而他們所有也各不相同——不同型態、不同特徵、不同傾向、處於不同生死階段。他們也各自有不同的業力行為，而為他們的生命型態、心理狀態和情緒形成不同的因。佛陀的覺醒狀態無礙地了知所有宇宙中每一個有情生命各自的確切情況，每一個情況的生起都完全沒有混雜而有別於其他人。

除了能看到每個有情生命的迷惑，佛陀也能夠感知到每個眾生內在本具的成佛潛力。儘管有情眾生暫時被兩種覆障遮蔽，但它們還是有完全清淨的本具能力，因為他們的自性本質與佛無異。佛陀也知道如何幫助並引導每一個眾生趨向認識他們自己的真實本質，所有這些功德歸總起來被稱為「盡所有智」。上述兩種功德——如所有智和盡所有智合

併在一起，就可以被稱爲「遍知」（omniscience）。

就如你能看到的，佛的證悟狀態具備了不可思議的功德。除此之外還有其他的功德特質。佛陀身相對於每個人都是完全莊嚴的，眾人凝視佛陀都目不暫捨、毫無疲厭。佛身相好圓滿，佛音周遍完美，當佛陀宣說法教時，其話語沒有任何停頓，或猶豫接下去要講什麼。每一個音韻都清晰明確，具有意義，帶給聽者悅意和啓發。當聆聽佛陀教法時，無論你坐得靠近還是從遠處，都能夠非常清晰地聽到。佛陀話語中沒有像「呃」或「嗯」這類多餘的音，佛陀宣說教法的聲調和諧完美，聽者以各自語言就能領會，無需翻譯。

我們要記住：現在談到的圓滿功德特質並不是限於久遠之前住在印度的那一位佛。任何人若清淨了各自的染著──二障及習氣，並讓自己的慈悲特質完全顯現，無論男女，都是一位善知識。簡而言之，任何從無明中覺醒，並圓滿了智慧的人，就是覺者，也就是佛。

我意識到這聽起來或許相當難以置信。用邏輯的心去領會，實不可能。語言是不足以形容一些狀況的，就像無法用尺去測量外太空的大小，我們的一般智識無法理解一些廣大

的概念。認識出與我們本質自性，也就是我們說的佛性相關的功德特質，會挑戰我們邏輯思惟想嘗試理解的。儘管如此，並不因爲我們無法用尺去丈量所有的虛空，就表示虛空局限於我們能丈量的狹小範圍之中。

　　佛陀並不僅僅是覺醒和證悟了，他也發願並有能力去教導有情眾生證悟他們自性的法道。現在，我們沒有機會遇到歷史上的佛陀──現在佛，但佛陀所有的證悟功德之中，還是有一個現在就能影響我們，那就是佛陀所宣說的法教。佛陀的教言藏於百卷經書之中。在基本的經教之外，歷代的偉大祖師們追隨佛陀的步伐，並留下千萬部對佛陀教言的詮釋和論述。

　　佛語部和大師們論典部的所有典籍仍然現存於世，佛陀也給予了如何運用這些教法的指導。佛陀感到教法本身已經清楚完整、完美無缺地講述了。但是，他也清楚地指出並不要求所有人在自己去檢測之前就相信這些教法。我們能獲得的佛陀教言是有益、完美和非常清淨的。儘管一些人跟我一樣是已經對此信服的，但我們每個人都被鼓勵去質疑自己接受的教法，並去檢測它，然後再決定它是否眞實不虛。不僅

是為了檢測得到確定是否可以接受，也看是否對自己有價值，我們都被積極鼓勵去做檢測。那之後，我們便可自由選擇接受或不接受那些法教。

佛陀覺醒之心的功德無量無邊，但所有這些功德可以總結為兩個方面：智慧和慈悲。智慧包含我已經提過的兩種。證悟的慈悲像什麼呢？它是無分別的，朋友和敵人沒有差別，遠、近沒有差別，它沒有任何偏見和成見。換句話說，一個人是否會對著佛陀供養禮拜，對於佛陀來說沒有差別，而關懷他人安危的感受不會動搖。這種慈悲就被稱為「無概念的慈悲心」，自顯為無分別的慈愛或無造作的慈愛。

無概念的慈悲心意味著我們能夠不依賴事先的決定而採取行動。無概念的慈悲是源自證悟我們本質自性的本然表現，它是一種任運、本然和無造作的關懷或喜愛。它在一個特定狀況下，不依賴我們是否要以慈悲看待的決定。

眾生本性與佛相同

諸佛並不一定存在於遙遠的時空。沒有法規會禁止任何眾生成佛。為什麼？因為，正如我談過的，我們都有著能夠

被開顯的相同本質，以及能夠被揭示的相同功德。成佛的種子對每個人而言都是現前的。還不只是人類，任何動物、昆蟲或任何生命體，其內在都有著佛性。基礎意識的本質與完全證悟的佛的本質，完全一樣。

是什麼決定一個有情眾生是否成佛？在圓滿證悟的道路上的進步，取決於適當的條件和適當的精進。我們的本質自性，有時被稱為無緣如是，現在就現前於我們每個人的內在，如同種子。就像一顆種子，需要適當的條件而得以生長。當適當的條件具備了，種子就會開始發芽生長。當適當的條件持續現前，種子最後就會開花。

同樣地，我們的佛性要完全顯現，也需要適當的條件。以花來做例子，種子需要的條件必須是有利於生長的。單只是有著美好或昂貴的環境，並不足以成為有利的條件。比如說，如果你把一顆花種子放在一個金盒子裡，並用純銀和鑽石裝飾，那並不能輔助種子發芽生長。種子發芽需要土壤、水、肥料、適當的溫度、足夠的生長空間、充分的時間等等條件。這些條件的恰當組合具備了，種子便毫不猶豫會發芽，它會一點一點地生長。我們都知道完全開放的花朵美麗

芬芳，但那需要時間和適當的條件，花兒才會完全成長、盛開，而讓見者歡喜。

　　這個例子的意思是，每個人——所有的有情生命，都有成佛的潛能、種子和自性。這個潛能始終存在，無時不在，正如牛奶始終都有潛力提煉出黃油，但如果你不榨芝麻，就不會得到芝麻油；如果你不攪拌牛奶，並付出努力，就得不到任何黃油。同樣地，除非我們提供有益的因緣條件，並消除阻止我們直接經驗到自性的因緣，否則那就看不出是明顯或能見到的。因此，我們需要接受教導和訓練。我們需要首先學習覺悟者，即已經證悟他們本質自性的人的言教。接著，我們需要思惟教法的內涵，直到我們真正理解。一旦我們真正理解了，就需要將教法運用在生活中。

　　這個過程就是聞、思、修三慧。聞、思讓我們學習到理論，掌握理論是很重要的，但還不夠。無論我們在理論上多麼清晰，都還不足以消除覆障和習氣，而讓智慧功德真正展開。我們還需要的，是將理論融入實際的經驗，這便是為什麼禪修的訓練那麼重要。最後的結果是我們可以大幅度減少負面傾向，並大大增長正面的特質——就像佛陀那樣。

學修指導 13

- 為了在開展無量慈悲的道路上真正進步，我們最終必須依賴一個具德上師來親自指導我們。

- 任何人都能由內在證悟自己與佛無異的功德，就如同一顆花種只要得到濕潤、土壤、溫度等而最終能開出鮮花，我們都具備證悟智慧和慈悲的種子。如果我們遇到一位具德上師，並開展純淨的動機，自心也能夠達到這樣一個開放、慈愛和智慧的卓越狀態。

14 菩薩的典範

　　任何一個訓練自己更加慈悲的人，都需要有效法的典範，這在佛教的傳統中也是如此。我想爲你們介紹一類勇敢的人，他們發誓要幫助的不只是一小群，而是所有的眾生。這個誓言包含的不只是他遇到的人，而是一個平等關照一切眾生決心。換句話說，這樣的人立下誓願要透過對他人的慈悲而邁向覺醒。產生這樣的決心，需要很多勇氣。這樣的人被稱爲菩薩，這樣的誓願就叫做菩提心，意思是「證悟的決心」。

　　菩薩的行動是降伏自私的煩惱情緒，並圓滿他或她的證悟特質。菩薩是無畏的，不懼怕眾生的數量有多少，度眾生要花多少劫的時間，這個過程有多麼困難。這是對勇敢一個相當好的詮釋，不是嗎？決心一旦清楚地建立起來，這樣的一個人就能開始由那個決心出發，付諸行動。那就稱爲菩薩

的事業。

　　菩薩的慈愛和悲心遍一切處。儘管這聽起來很難做到，但對任何人來說，我們增長慈心和悲心這兩個崇高的特質是可能的。我們要付出努力，但那是可能做到的。我們能逐漸把慈悲心擴展到越來越廣泛的不同眾生，直到沒有漏掉任何人。我們的目標是究竟開展出完全無偏私、無分別的慈悲。真的有可能達到這個目的。我們可以決定去喚醒自己的菩提心，並訓練自己開展出清淨的菩提心。

菩薩的功德

　　菩薩的修持基於六種主要善行功德的開展。第一種善德是布施。在醫療行業來說，布施意味著什麼呢？它意味著有意願給予任何必要的，不只是藥物或治療，還有實地對病患的關心。在你的行為、語言和內心，都直接或間接感受到要為病患盡全力的心願。這是布施的一種方式，純正而真摯，毫不膚淺。那便是布施的意義。

　　第二種善德是持戒清淨。這跟行醫治病的關係是什麼？它意味著開展出高尚的良知，並依此去正確地對待病患。清

淨的戒律是對於必須完成的事情，發展出當場就採取正確行為的本能。表示你不會因為自己感覺勞累或懶惰而對分內之事敷衍塞責。如果你培養關懷他人的純正感受，想幫助別人的感受就能立即增長。那就是持戒在這個層面的意義：認真負責並試著避免粗心或挫敗感。

　　菩薩的第三種善德是安忍。安忍是必要的，其原因是病患有時會變得煩躁。他們或許感覺自己的痊癒不夠迅速，尤其是當他們的疾病或治療造成了特別的不舒服或疼痛時。他們或許將所有希望都放在醫生的身上，但開始感覺醫生沒有更快地使他們病情好轉。他們開始認為自己受不了了，或許會開始對醫生產生怨恨。有的病人可能還不止感覺如此，甚至在身體上都變得粗暴。他們可能會突然想對醫生或護士動手，或在言語上進行暴力攻擊。他們說出的話可能會非常惡劣，但這並不是因為他們有道理，而是因為他們已經變得毫無邏輯。有的病人還有可能變得強勢、惱怒和讓人不悅，這讓你開始想：「我為什麼還要在這兒？我已經盡了全力，但這個人一點感恩都沒有。我放棄了。找其他人來處理吧。」

　　到這個程度時，你的安忍最終堅持不下去了。然而你不

必一定非得走到這一步，你要理解那完全不是針對你個人。病人表現出來的是一種絕望的狀態，而這跟任何一個醫生或護士無關。病人的視角已經扭曲，他們表現出來的粗暴其實是自己感受到的絕望本身。理解這點很重要，不然你會單純想讓這個病人轉到其他醫生或其他病房，甚至轉院。你會想盡辦法不再護理這個病人，你想說：「我不想再跟那個人打交道。他無可救藥了。」這樣的想法不僅表現出安忍的缺乏，而且很不明智。這樣的態度只會反映出你沒辦法從病人的角度去看事情。

　　我並不是說在時機恰當時，你也不應該轉走病人。如果你真正相信另外的看法或更特殊的照顧會給病人帶來好處，那麼把病人轉走是出自正向的動機。但如果你因為疲累、挫敗或憤怒而單單是不想再照顧某個特定的病人，那就不是很好的動機。如果動機不好，安忍也很快會消失，慈悲也會不見了，最終病人也沒了。

　　第四種善德是精進。精進是把療程堅持到最後的意願。這可以透過不同的方法達成。我們可能會不情願地堅持著，不是出自我們的意願，而是因為我們感到自己沒有選擇——

因工作所需而為。你帶著一種模糊的感覺，和「我必須這麼做，那就做吧」的想法繼續著。相反地，精進是帶著一種喜悅感而達成的。你可以想：「我希望看到這個人痊癒。」同時以這樣的態度繼續療治。這樣的精進稱為「喜悅的勤力」。

精進來自於清淨的動機，一種希望幫助他人的完美心願。為了幫助生起這樣的動機，你可以思考病人所經歷的痛苦：「無論誰有痛苦都是很難受的。如果我生病，也會覺得痛苦。如果有人照顧我、幫助我，我會非常感激和快樂。現在這個病人帶著很大的期待來找我，所以我要盡全力幫助他。我將從自己身、口、意各方面盡力而為。我要用上必要的任何藥物和儀器。如果需要，我也會翻看資料書籍。我會清淨、勤力地運用我所有的能力。」這種精進的基礎，就是你歡喜於付出努力。

很重要的，是要認識到無論你將喜悅帶入什麼事，那不會讓你疲厭。如果你從事的事業帶給你滿足和喜悅感，它便可以長久持續下去。老實說，療癒的工作本身是良善的，它輔助痛苦的減輕。有人遇到了問題，而你有能力提供協助，

多棒啊！因此，可以適當去想像自己能在療癒的事業中感到欣慰。

第五、六種善德通常以禪修為背景來討論，但並不意味著我們不能將其原則運用在療癒行業中。第五項善德是培養純粹的專注。這表示專注於你在做的事而不被干擾，這在醫療行業中非常實用。如果你在處理一個嚴重病患的問題時，開始去想完全不相干的事，就不太好了。如果你能專注，那就能避免粗心大意的錯誤。為了恰當正確地行醫，醫生需要留意、要帶著正念、並能夠專注於當下的狀況。不專注會出現紕漏的一個例子是：你記錄病人右腿受傷，但其實你應該寫的是左腿。這類例子可能還有很多，你並沒有惡意的動機，但出錯的原因是在應該專注的時候散亂了。那便是為什麼我們需要第五項善德：禪定。

第六種善德實際上是最重要的。第六種善德是特別方式的智慧。在修持所有善德的同時，保持那種智慧的特定識別力是必要的。你需要智慧的布施、智慧的持戒、智慧的安忍、智慧的精進和智慧的禪定。智慧在這個層面來說指的是一種覺醒的特質：有能力將情況看得一清二楚。這種才智或

智慧，是以開放心的方式看待事物，而不被先入為主的想法遮蔽。

　　阻撓我們清晰看到的一個主要障礙，有可能是智識或專業的驕慢。擁有一定責任地位，受過良好教育的人，比如教授、醫生或政客，他們都很有能力。他們之中一些人在做決定前會聆聽一系列的建議——跟人商討對他們來說很輕鬆。不過有一些身居要職的人所抱持的態度可能是不想聽他人的諫言，自信地認為自己的看法就是最好的，一旦他們決定了，就不想再跟任何人商量。這樣的態度可能來自傲慢，或是來自於他們和別人的競爭。造成這樣感覺的原因有很多，但我們不能對這樣的傾向讓步。如果出現這樣的態度，不跟隨那種模式可能還不是最明智的，而是要有開放的心。我們需要有意願發現最好的方式是什麼，而不是自認為自己已經知道了。

　　醫生們通常都從類似的訓練開始。不過，隨著時間推移，你的經驗和洞見有可能相當迥異於其他醫生。因此，和其他的專業人士討論是有道理的，你可能發現原本困難的狀況突然有了起色。當專業人員願意和同仁討論問題，真正會

帶來好處。

　　總而言之，菩提心意味著證悟或覺醒的心，它以眞誠希望幫助他人爲動機。菩提心和本然狀態之間的關係是：當我們安住在自己的本然狀態，會自動生起一種無概念的善意。菩提心是本然、全然現前的，沒有任何造作的面向。本然狀態的直接經驗叫做絕對、或究竟菩提心。相對來說，我們在任何時候有意識地感到我們想幫助他人，就被稱爲相對菩提心。透過培養和訓練相對菩提心，我們最終能認識出究竟覺醒的狀態，那就是它們之間的關聯。只要我們還沒認識出本然狀態，所帶著的慈愛和悲心就是相對的。一旦我們認識出本然狀態，那麼就有任運的慈愛，而經驗到究竟菩提心。我們著手開始這個過程所需的一切，就是證悟的決心。

學修指導 14

- 「菩薩」是指決心要用任何自己能做到的方式去減輕痛苦的人——只要還有人在受苦。這樣有勇識的人為我們展現的是當談到慈悲心，我們要把自己的目光放得高遠。
- 菩薩所行持的是六種善德（六度波羅密）：

  1. 布施：願意將自己的時間和精力投注於幫助他人，而不退縮或吝嗇自己的關注。

  2. 持戒：無論狀況如何，總是希望能讓自己所做的都是正確和必需的。

  3. 安忍：培養對待困難的狀況和病人的耐心。

  4. 精進：為了病患堅持工作，不言放棄。

  5. 禪定：注意自己在做的事，確保自己在工作中不出差錯。

  6. 智慧：運用我們所有的智力和慈悲，以確定自己所照顧的對象得到我們能給予的最好和最適當的護理。

15 老師的必要性

　　佛法的教導始終強調必須要有一位老師來幫助我們認識自己的本質自性。一些人可能覺得他們自己就能發現這基礎的本質，不過我們應該承認，對重要的修持來說，通常都需要一位上師。人們可以沒有老師就成為醫生嗎？可能說百分之九十九的醫科學生都有老師，而有百分之一的學生沒有跟隨過任何一個老師？事實不是那樣的。如果你沒有跟一位合格的醫生學醫便要醫治病人，就無法有效地幫到病人。如果真能這樣，那麼幫助他人就太容易了——如果我們遇到生病的人，自動就知道怎麼讓他們好起來。

　　如果要教導醫學院學生，你不也是要夠資格嗎？不是任何人都可以教導醫生，醫學院教授必須有特定的資格認可。這樣，你不僅需要從一位老師那裡學習如何恰當地行醫，你還需要跟一名合格的老師學習。為了以最佳方式教導學生，

一位老師需要設立一個好典範。如果一名醫學教授不僅醫學知識淵博，而且還有耐心，並且慷慨，學生也會效法他。不過，如果老師懂很多醫學常識，卻沒有耐心，行為也急躁和魯莽，這會使學生覺得不易行。

除了老師，你也需要病人：正在受苦和需要治療的人。只懂理論是行不通的，行醫的臨床經驗不可或缺。如果你沒有病人，那怎麼獲得經驗呢？同樣地，在精神道路邁進的過程中，你要修持布施、持戒、安忍等等。而為了能培養這些特質，你需要配合其他的活動。就像你需要好的老師，也需要病人，才能逐漸培養出好醫生的各種特質，在佛法的訓練中你需要佛，也需要眾生，透過這兩者的方式，你才能在修持上進步。

當談到佛法時，「老師」這個詞並不與「精神導師」同義。要成為老師，你只需要學習理論，而當你能倒背如流，他們就能把你稱為老師。但是，這還不足以成為精神導師。為了能引導其他人，你必須有以個人經驗為基礎的智識。你需要有真實經驗的體會，因為精神導師不只是傳授知識，他們的責任是引導另一個人達到他們自己已經證悟的經驗，而

不只是得到理論上的知識。因此，精神導師必須有所證悟，並且有著慈悲。當這兩個特質具備，這個人才能稱得上是具格的精神導師。

　　然而，只是有一個具格的老師或導師還不足夠，接受教法和指導的人，也需要條件具足。醫學院教授可能是位了不起的老師，但如果學生對學醫並不感興趣，或沒有學習能力，也無法成為好醫生。學習成為一名醫生，最重要的特質是有著成為醫生的純正願望。為了達到精神修持的進步，你也需要有相同的願望。你可以把它叫做真摯、熱忱或信心。你也需要在整個理論學習，乃至實際修持經驗的追尋過程中堅持不懈。我之前提過，正確的精進並不是在訓練過程中強迫自己，而是理解自己所從事著有價值的事，因此能帶著喜悅投入其中。這種喜悅的精進在你努力獲得修持經驗時尤其重要。

　　在精神修持中，跟學醫一樣，如果你學到理論之後就止步不前，那麼會有點冒險。精神修持中，如果你沒有將理論帶入實修，那將對你沒有真正的影響，也不會消除你個人的缺點。如果你沒有依循教導而真正將理論和實修結合，那就容易變得自大或傲慢，因為你認為自己達到了對一些理論的

領悟。當你因為智識上的學習而自我膨脹，就會自然把他人看成不及自己重要，你可能還會不由自主地輕視他人的理解。而實際上，無論進行精神修持，還是試圖為病人診治，本質上都是一件令人謙卑的事。

不管怎樣，只要你開始結合自己的智識理解和個人經驗，就會發生改變。一種必然的感恩、信任和慈悲自然會開始生起，你開展出對精神修持的教法或醫科學習的指導一種更深的感激。為什麼會這樣呢？因為你開始感覺自己在變化，有一種真正的洞見和信心在發展。你認識到這個變化是從運用一個特定的指導直接得來的。因此，你會對這個教導的價值，以及給予你教導的人心生感激。你開始信任自己的訓練，因為教法和修持對你自身和對照顧病患都有了實際的效果。透過感恩我們自己如何能改變，我們能更覺知到其他人也一定有改變的能力。這會讓你對他人的慈悲逐漸增長。

透過學習佛法修持背後的理論，你更加覺知到精神修持能開展出來的特質。根據這些記載和論述，你開始景仰已經圓滿了這些修持的人，並開展出自己也能像他們那樣的渴望。這是我們聞思教法的原因。當理論變成了實際的經驗，

良善的特質開始在你的內在展開。盲目、迷惑的特質減少，而你對修持的信心會增加，最終這個信心會不可動搖。但如果你只是學理論，這樣不動搖的信心就不會開展出來，你只是得到了一切可能如何的想法。當你自己實際去經驗，感覺會完全不同。

在我們能夠見到心之本然狀態的一些經驗之前，當然還是能感到慈悲。我們甚至對朋友和自己喜愛的人，能自然而然地生起慈悲。但對於陌生人，生起慈悲還是需要努力，我們必須更努力地對自己不認識的人感到善意。當面對曾經傷害我們的人，那就相當困難了。即使在那種情況下，我們強裝慈悲也不能真正感受到，最多只能做到假裝一下。

當我們開始將了解自性本質的實修方法融入自身，生起慈悲的障礙便不再那麼堅固難摧。慈悲會更開放，更自在，無需太多努力。因為不再有同樣的概念障礙，對我們遇到的任何人，會更容易感到親近或親切。即使遇到一個明顯想要傷害你或刺傷你感情的人，那也不會對你有太大干擾，你仍然能和善地對待他們。這些特質的生起，是來自於我們依循老師給予的指導，而進行實修所獲得的經驗。

學修指導 15

- 如同任何重要和複雜的科目，無量慈悲的訓練能夠得以成功開展也必須依賴一位上師。就像我們不可能透過自學就成為一名醫生，我們不依靠上師，也無法期待自己能成為完全證悟的慈悲菩薩。

- 醫學院的教授不僅要有對疾病和健康的理論知識，還能在臨床治療病患時示範這樣的能力，與此相同的，精神導師也要有能力展現他們所教導的法教。我們的上師所給予的真實教導必須由他／她自身經驗而來。

- 我們在選擇上師時應該要審慎和仔細。在跟隨一位上師的法教之前，近距離觀察他／她是很重要的。如果跟隨的上師不能夠帶來實際的變化，那將是一個不幸的錯誤。

- 一旦我們認定一位具德上師，如果我們帶著真誠的努力去修持他／她所教導的法教，就一定會進步。

- 我們不應該認為找到一位上師是一個不可逾越的困難，而要把它看作一個自然而平常的過程，就像為了要成為一名合格的醫生，我們要選擇進入醫學院學習的過程。

16 不同類型的上師

　　如我在上一章提過的，為了在精神修持的道路上進步，老師必不可少。當我們一開始對精神修持的開展有興趣時，並不一定能親自見到一位具德上師，並從上師那裡接受教法。但是，在佛教傳統中上師分為四種類型，清楚知道如何運用這些信息，我們就能不遲疑地開始自己的精神道路。

　　第一類型的老師由證悟者的言教組成。這是過去的證悟祖師們，例如歷史上的佛陀的珍貴教導，以書面形式呈現。當我們從這些典籍的言教中學習並吸收到它們的內涵，我們便會得到指引。在這個意義上，書面記載的教言也是一種接受教法的方式。但是這些書籍的作者必須既有智慧，也有慈悲。當然，最好的作者是那些已經從無明中解脫的聖者。以佛法的觀點來說，這樣的人已經打開慧眼覺醒了。

　　佛陀時代的一個故事講說，曾經有個少年來到佛陀面前

問道：「你到底是誰？很多人都在談論你，到處都聽到你的名字，但你真正是誰？」佛陀回答說：「我是覺者。」如果覺悟的人是書的作者，那麼從這位覺者的教法直接記錄下來的就是純正而正確的。這是一類老師。

　　第二種類型的老師叫做在世的傳承上師，持有不曾中斷的傳承法教的人。這樣的大師以口傳教法向弟子指引慧觀的生起需要避免和採納之處。當弟子一旦自己完全證悟了上師給予的教法，就將它們再傳給下一個人。實際上，這些口傳教法已經從佛陀時代就一對一地傳遞到今天。這個傳承最近的這位上師，就是我們可以真正面見並從他那裡接受教言的人。我們把這樣的老師叫做在世的傳承上師。

　　這樣一個人，當然需要具備很多功德特質。他／她需要精通經教哲理和其他的典籍教法，但也需要在經驗層面有所成就。從佛法角度來看，這個人無論是男性還是女性，都需要有我之前所描述為「慈悲的空性慧」的親身經驗，這是一個基本。空性在此也可被稱為「慧觀」。如果一個人自己沒有首先對心的這一狀態有穩固的內在體驗，就不可能教導另一個人如何達到。當一位上師有了空性狀態的慧觀，他／她

便是從無明和無知中解脫的人。

空性慧觀也消融了執著二元的無明，並允許真正的慈悲顯現。當我們不再執著於任何概念，會出現開放的空間，而讓無量、無念慈悲變得明顯。清淨和純淨的慈悲就在那樣的開放氛圍之中開展，這樣的開放是慈悲沒有任何偏見或限制一種形式。一旦二元執著的無明消融，所得的結果便是如同母親對她唯一孩子的關愛那種慈悲，並能夠將這樣的慈悲擴及你遇到的任何人。一位展現出這類空性慈悲的人，就真正能被稱為在世的傳承上師。

第三種類型的老師來自我們日常生活的經驗。我們都有帶給我們很多不同情緒的各種廣泛的經驗。但是，這些經驗都被我們拋在身後，來去匆匆，不留蹤影。我們所認為的「我的生活」，整個來說實際上很飄渺，難以描述。

佛陀說世界是無常的，如秋天的雲瞬息萬變。在佛陀生活過的印度，秋天的雲形成、變化非常快。同樣地，眾生的生死也被形容為舞台上的一齣戲劇。劇中人物的一生可能在一、兩小時之內就全部演繹出來了──一個人出生、成長、死去，眾生的生與死就像戲劇表演。我們的快樂和傷心時

光，也可以做我們的老師，我們可以從中學習，從我們扮演的戲劇中學習。甚至在面對疾病和死亡時，也可以被看作是一個學習的經驗。

醫生通常把疾病當作影響病患而非醫生本人的事情，但是醫生在本質上和病人沒有差別，醫生也會生病。由於醫生的職業性質，他們會目睹很多死亡的發生，如果他們對自己誠實的話，就會承認自己也在同一條道路上，等著邁向死亡。思考這點是困難的，在面對死亡時，你能做什麼？你可以把這些情況當成自己是自己的老師。我們從這樣的經驗中所需要學習的，是如何在活著的時候讓自己好好地生活。如果我們生病了，就需要知道如何與疾病好好相處，最大程度地利用它。當我們進入臨終，我們也需要好好地面對臨終。

成為死亡的專家特別重要。如果人們不死，也就沒必要談論這個主題。如果我們有可能不死，那有什麼必要去討論它呢？不過，我們環顧四周也找不到有人不死的例子，如果我們在世界上能遇到一個不死之人，或注定不死之人，或如果我們聽過有這樣不死之人存在，那麼我們或許開始對自己可能會死產生疑問。就算有那麼一個不死的人，我們都可能

想：「或許我自己也會那樣。如果他是第一個不死之人，那麼我可能成為第二個。」然而，從未有誰不死。我們都無一例外地同乘一艘船。那麼，我們就應當對死亡瞭若指掌。

做為一名醫生，你不僅要對自己的死亡瞭若指掌，還需要有能力幫助面對臨終的病人。臨終的人都充滿了惶恐，除了很多身體上的痛苦，還可能有很多擔憂和恐懼。有的人完全被嚇倒了，他們到了要和自己所認識的一切分離的時候：自己的朋友、家人、伴侶、孩子和財產所有這一切都要失去。想到要跟自己熟知的一切分離，這太困難了，讓他們幾乎無法忍受。就算不想與這些分離，他們還是要分開，他們還是會死亡。如果能帶著一些朋友、家人或一些珍愛的財物一同離開，那還不算太壞，但他們什麼也帶不走，甚至連自己的身體也如此。所有一切都要留在身後，所有一切都得被拋捨、丟棄。這樣的感受讓病人的心壓力沉重。

當然，病人可能會根據自己的宗教或信仰想到死後會發生什麼，但老實說，對此誰都不能確切知道。於是，無論自己的信仰是哪一類，他們都會納悶：「真正會發生什麼呢？」現在我們還沒到實際臨終的過程，這就是為之做準備

的時機。這就是學習如何準備好，如何在死亡最終來臨時有能力處理自己所面對的狀況。

你現在知曉並在感受的那部分，是你的心。當死亡之時來臨，知道並感覺的還是同樣的心。那個持續會去經驗，並經歷所有死亡之後會發生的狀況的，還是同樣的心。除了心，別無其他。在此時，我們還活著的時候，有很多自由去選擇做什麼。因此，理所當然要做正確的選擇。當我們考慮到自己死亡的景象時，當我們面對他人的死亡時，我們的經驗就像是在向我們提醒真理的一位老師。

第四種類型的老師稱為我們自性的究竟上師。這位上師還有其他名字：自生覺性、自性的心、自性的醒覺，或是不受限的本然如是。最後這個名字有一種聽起來很妙的深奧，不是嗎？但這些辭藻的目的並不是讓它們聽起來很深奧。這些詞彙都涵蓋了甚深的意義；它們指的是可以透過訓練而帶入我們自身經驗的知識基礎，這是至關重要的。事實上，你可以說人的一生最重要的目標就是認識出並經驗到這不受限的本質自性。為什麼呢？因為在不受限的本質自性的狀態中安住，能解脫任何的情緒狀況，這樣的安住能讓你從二元

的無明執著中解脫。事實上，沒有比它更高的自由可以、或有必要獲得。

三種精神修持的方式

　　忙碌的西方人即使認為會有利益，但也經常感覺他們沒有足夠的時間投入精神修持。如同追求其他的事物，精神修持也主要依靠你對它有多少興趣，認為它有多重要。西方人很有能力安排和完成每天的工作，一天之中效率很高。如果一個人的日常活動看起來很有趣，並讓人滿足，那麼精神修持就可能只是一種愛好。即使做為一種嗜好，精神修持仍然會帶來一些利益。

　　我們選擇在自己的精神層面開展多少，完全取決於個人。佛陀曾經說，精神修持對任何一個人都是開放的。任何人都可以追尋精神修持；而無論誰選擇這麼做的結果，都能獲得利益。現在的問題是如何以最好的方式追求精神的修持？答案是：最理想的狀態是你放下凡俗的日常生活，而一心一意專注於精神修持。有這樣做的例子是去到山裡面，待在山洞裡，除了精神訓練，不分心做太多其他的事。在西藏

有一個非常著名的山間瑜伽士密勒日巴，你或許讀到他的生平故事會很喜歡，這本書叫《密勒日巴尊者傳》。

第二種追求精神修持的方式是進入寺院環境，那裡配備好了給個人開展精神特質的各種條件。你可以立誓以出家僧尼的身分修行，每天從早到晚遵循課程安排去學習、禪修、進行討論等等。

第三種追求精神修持的方式是最困難的。那就是做一位在家修行人。在家人的定義是積極參與日常生活瑣事的任何一個人：帶孩子的父母親、已婚人士、上班族或任何有很多責任和任務的人。所有這些活動中都有可能出現激起各種煩惱情緒的狀況：貪執、粗暴、傲慢、嫉妒等等，你就住在煩惱的汪洋中。如果你有能力，在置身於日常生活各種事務的現實中，仍然做修持並獲得成就，那你就可以被看作是最好的一類修行人，因為這是一條最困難的道路。僅次於此的最好道路，是做一個出家人。而那種住在山洞、待在山林、沒有外在干擾的精神修行人，過的就是最容易的修行生活。

佛法的理論哲學認為，學習認識出我們本質自性這位究竟上師是最重要的。一開始的時候，覺知到我們的自性本質

需要一些努力。這需要刻意地提醒自己。這只是在開頭的時候，接著，當行者加深修持和訓練，需要提醒自己去認識自心本質的努力就越來越少，我們的修持已經平穩起來。當我們對自性本質的慈悲空性的經驗更加穩固時，會留意到自己逐漸減少陷入盲目的煩惱情緒和負面行為。同時，我們也注意到正面的特質：智慧、慈悲，以及開展和延伸自心的能力越來越大，從開始增長到最終達到所謂真正、完全的證悟。

學修指導 16

● 老師的分類有四種：

1. 證悟者，比如佛陀。我們無法再親自見到佛陀，但我們可以透過佛經，以及教法的傳承得到佛陀的智慧。

2. 由證悟者延續下來的傳承中仍健在的上師。他或她必須有能力理解佛陀智慧背後的哲理和邏輯，並能夠把這些教導運用在他自己的生活中，而得到「慈悲的空性」之真實經驗。

3. 我們自己經驗的象徵意義。這是指我們可以從各自生活中每天出現的事物和想法中學習。以面對死亡為例，我們從這個非常直接和個人的方式，去學習面對無常。

4. 我們自性的老師。這是指自性的醒覺和我們基礎本質的覺性，我們的佛性。這個基礎的狀態不依賴環境條件或訓練，但我們要透過自己的禪修練習而對它有所了解。因此，禪修可以做為我們最甚深的老師。

● 進入精神修持有三種方式：

　1.我們可以捨棄社交生活，去到遙遠的山林，沒有干擾
　　地禪修。

　2.我們可以剃度出家，進入為我們安排好日常修持的學
　　院，由此可以從工作和家庭生活的繁瑣中解脫。

　3.我們可以在自己有能力時，嘗試以精神修持去平衡世
　　俗生活中情緒和身體的挑戰。

17 修持平靜之心

　　當我們訓練禪修時，第一步是要允許自己的注意力平靜下來。為什麼需要這麼做？因為智慧和慈悲的自然開展，需要平和的心境。就像未被攪動的水面是清澈的，不被干擾的心也會是清明的。在人的一生中，哪怕一天之中都有太多的希望和恐懼，太多擔憂和不安。我們經歷各種負面煩惱情緒，無有止盡。我們沒辦法總是實現自己的期待和抱負，欲望得不到滿足其本身就是令人痛苦的。追求精神修持一方面來說，就是檢測我們哪個欲望是現實的。我們實際上希望達到的雄心壯志有多少？有一些務實的限度是好的。

　　我們不時需要允許自己放鬆，不強逼自己，單純就是讓自己可以放鬆和開心。我們需要學習善待自己，我們越讓自己感到自在和輕鬆，自己也會越快樂。強加給自己越多壓力和逼迫，我們就會越不舒服。這是一個顯而易見的事實，對

此，我們從自己的經驗中已經很熟悉。

如果我們希望能快樂，那麼我們應該學習如何才能快樂。滿足感根本不依靠外在事物，外在事物建構了背景，但只是背景，主體的部分是你的心。如果你知道如何允許自己的心自在和放鬆，那麼無論你去到哪裡，都會感覺很適宜；無論你跟誰相處，都沒有問題。相反地，如果你感到受挫、焦慮、不開心或不滿足，無論你去哪裡、跟誰在一起，都不會感覺舒服。

對於我們每個人，最重要的是我們心的狀態。那感覺喜悅或悲傷、悅意或痛苦的，就是我們的心。但我們的心不必只是對我們周圍的事物做出反應，它可以被轉向不同的方向。你可以引導你的心朝向良善的，這麼做之後，你會開始習慣正向的念頭。如果你引導自己朝向負面，那也會成為一個習慣。如果你允許自己變得冷漠而不太在意，你也就會變得不敏感和遲鈍。「精神」這個詞指的是引導或操控我們的心朝向良善和崇高的事物，就只是如此，達到這個目標最重要的因素之一是知道如何讓我們自己完全放鬆。

很多人非常努力地透過各種運動和飲食調理來保持身體

健康，他們投入很多精力在身體的健康上。難道我們不應該也為自心的健康做點什麼嗎？心比身體更重要，身體只是心完成事情的工具。當心裡想著：「起來去走路！」身體便站起來，開始步行。如果心想：「坐下來。」身體便坐下來。

我們大部分人生活很忙碌，我們忙於完成的事通常有目的性，一般我們可以說這個目的是確保接下來出現的會帶給自己舒心適宜。換句話說，我們整個生活其實都用在準備下面將要發生的事情。這樣一個過程內在就含有焦慮，因為我們執著於一個特定的結果。想要確定事物都以一個固定方式發展，這便製造了希望和恐懼。甚至對未來是否如願的一個小小的擔憂，也總是有些許痛苦。如果我們所有活動的目的都是在生活中創造幸福，但準備工作包含的都是不自在，那麼何時我們才能達成自己的目標呢？

持續擔憂自己是否健康或快樂，並不是必要的，放鬆下來是可以的。當然我們需要關注事情的發展，不能完全無視於自己的責任，但也不需要過度擔心，有時候可以放輕鬆。如果為了達到我們的目的而有必要擔心，以及不時地焦慮那還好，如果這樣對達到目標有幫助的話，那我們應該這麼

做，但實際上我們只是在爲難自己。我並不是說你應該對自己人生的進展漠不關心，但過度焦慮是沒有必要的。

如果你想要本然和無造作的慈悲和智慧，卻沒有心的平靜狀態，那就不可能達成。訓練自己平靜下來，可以被叫做禪修，你也可以叫它其他名字。爲了完全放鬆，你需要以一種超越思考、超越概念的方式安住，但是保持覺知。這樣型態的覺知有一個名相，叫做「無緣如是」（unconditioned suchness），安住在這個狀態就是眞正的放鬆。然而，只是放鬆和平靜，跟無緣如是並不相同。當我們有意識地嘗試去放鬆和平靜，就還是會有一種住於平靜狀態的自我意識的感覺。概念還是現前：「我很平靜。我在安住。我必須平靜。平靜，平靜，平靜。現在我不再平靜。我得站起來了。」

「如是」意謂著我們的本質自性，對於我們每個人都現前的某種無緣狀態。當我們的注意力被二元思維占據、我們的本質自性被障蔽所導致的一種心的狀態，叫做被障蔽的如是。但就在執著二元的成見一旦平息和消失的那一刻，心的狀態就被叫做無遮障的如是。

認出自性的必要

　　無緣如是無時不刻現前於每個有情生命的本質之中。所有麻煩的出現，都是因為沒有認識這點。極有可能的情況是我們時不時會有那麼一刻，就是與本質自性同在當下的；但這樣的經驗或許相當短暫。因為我們還不習慣認識出這個自性，而沒辦法認定它是什麼。認識出我們的本質自性與是否有宗教信仰或精神追求、或是否稱自己是佛教徒無關。因為我們沒有認識出自性本質的習慣，所以無法滋養和延長這些短暫瞥見的瞬間，這造成的結果便是我們沒有把真正重要的事放在優先位置，我們忽略了自己的本質自性，而繼續自己手上的各種瑣事。至關重要的沒有被這樣認識出來，而無關緊要的卻被我們看得很重要。

　　我們的本質自性，無論它真正是什麼，在我們讓障蔽自己本質自性的心理狀態消失的那一刻，就會很明顯。直接經驗到我們的本質自性，即使只持續了片刻，就被稱為認識出自己的本然狀態，這對任何人都是如此，無論我們是誰。「業力」、「覆障」和「煩惱情緒」這些術語形容的是

心的狀態，我們的注意力在這些狀態中抓取著二元，一旦我們認識出自己的無緣如是，它們都會消失無蹤。留下的，是甚深的慈悲和智慧。

可以讓人放鬆和平靜的方式很多。有人可以達到一種愚鈍、半睡半醒的狀態，像冬眠的熊。熊冬眠期間可以平靜地待好幾個月，但這樣的狀態是沒有覺知的。最好的平靜方式是一種非常當下、清明的方式。平靜的感覺可能跟當下清醒相關，這是「無念覺醒」和「自生智慧」這些術語所描述的狀態的基礎，這樣的狀態指的是明晰而沒有執取染著的狀態。這些術語是從藏傳佛教大圓滿的傳承直接流傳下來的，大圓滿是以究竟、直接的方式訓練心認識出自己本然狀態的一種特別的修持。

讓我們假設你的目標是增進世界和平，這就需要每個人開展慈心和悲心。除此之外，別無他途。我們沒辦法誘導世界上每個人立即變得慈悲，因此你首先要負責的是讓自己的慈心和悲心更開展、更沒有分別。你慈悲心的清淨與否取決於你的願望和動機，要記住：盡努力去帶著慈愛的重要一點是不要期待太多回報，不希望有正面的回饋或報酬。你需要

避免去想：「我做了一件好事，所以它們應該以善待我做為回饋。但他們並沒有如此，那麼我就應該感到憤慨。下次我絕不再費心去善待他們了。」你要避免這樣的想法。

就像我已經提及的，我們所說的「禪修」指的是很多不同階段的修持。禪修的第一個階段需要一些努力，心中要保持住一點東西，而我們用一點努力、一種焦點在心中去保持它。這樣的禪修對心平靜下來有作用，同時讓我們的自性調柔。而最高階、最傑出的修持形式是被稱為無修的卓越禪修，這個練習並不是一種宗教或哲學，它不是被佛陀創造出來的什麼新東西，它是最初的狀態，即我們的自性在一開始就已經如是的狀態。無修指的是安住於無緣如是，這是平和的內心狀態的精髓。

學修指導 17

- 就如同水，當它沒有被攪動，沉靜下來並變得清澈；心在沒有被干擾時，也會安住下來並變得清明。為了讓心平靜下來，我們不能讓念頭和自己對周圍發生的事物的習慣性反應干擾它。

- 培養平靜的心意謂著讓心放鬆，並覺察出我們沒有放鬆，也知道如何回到心放鬆的狀態。

- 「放鬆是可以的。」放鬆心並不意謂著落入一種茫然或睡過去的狀態；它意謂著在我們所見、所聞和所感與我們如何對其做出反應之間插入一點空間。

- 為了完全放鬆，我們必須安住在覺知，但不糾纏在念頭和概念之中。要做到這點，我們必須嘗試停止抓取我們的念頭，並同時保持清明和覺知。

- 達到「無修」，表示我們在一整天都能帶著穩定、清晰、無念的覺知狀態。

實用建言

18 盡可能給予最好的照顧

　　我們都知道人們以我們之前描述的所有不同方式在受苦。因此，很明顯的問題是用什麼方法能讓我們自己和他人減少痛苦或完全從痛苦中解脫？儘管我們的生活已經鑄成了一定程度的痛苦，而事實是我們越能夠鬆開對事物的執著，就會在任何情況下都少經歷一些苦和痛。甚至在經驗身體疼痛時，能夠放下也會對你有幫助──疼痛會感覺不太嚴重。否則的話，如果我們心理上沒有準備好對應它，身體上一點輕微疼痛便感覺不可忍受。對於情緒上的壓力也同樣如此。

　　當我們面對一個意外事件，而我們相信它是不愉快的，就會把所有的注意力放在它上面。但如果在那之後很快發生了更不愉快的事，我們就會完全忘記先前的情況──它似乎立刻就不重要了。那時候，對先前事件的執著消失了，同時

這件事所帶來的痛苦也不見了。如果我們能開展出把心中對事物的執著和固執完全放下的能力，那麼任何形式的痛苦都能被克服。即使我們不能立即將痛苦完全消除，如果我們能鬆開一點對它的執著，也會發現痛苦也隨之減少。

人們都會生病。年輕人會生病，老年人亦然。當老年人生病時，或許看起來病到某個程度便不會逆轉，人會去世。這樣的死亡也許感覺起來比較能被接受，也許是因為人上了年紀而死亡，感覺上很自然，或者是疾病加重而讓人纏綿病榻，死亡看起來似乎是一種解脫。壽終正寢看起來不像一個災難，經歷的痛苦也看起來比較少。

然而，我們對這種老年死亡的認為必須要謹慎。如果我們認為老年人的生病和死亡是正常的，就可能會開始想：「好吧，現在這個人年紀大了，生了病。已經沒有希望了。」這樣的想法有可能導致照顧不周。因為知道他們反正已經很年邁而沒必要嘗試把他們的疾病治癒，我們會不把這樣的人放在眼裡。我們可能只會偶爾去檢查一下，看他們是否還活著，病人的高齡成為我們不盡力照顧他們的藉口。老年人獨自躺在那裡，感到生命走向終點的恐懼，想到這點就

很痛苦了。

　　同時，如果一個年輕人得了嚴重的疾病，這個人會得到很多關照。這是什麼原因呢？這也許是有人對人身的認知就像有人對車的感覺：當你買了一輛昂貴的新車，你認為任何損傷都需要修復好；但如果你的車很老舊了，你便不會在意小擦撞或甚至大的重創，如果車跑不動了，你就會把它丟棄不管了。如果你不小心，可能會被社會錯當成一部機器——我這是開玩笑的，但當然這其中還是有一些道理。

　　無論我們照顧的人是嬰兒、孩童、少年或是成人，或是上了年紀的人，我們都應該盡全力給他們最好的照顧。我談的不只是療癒所需的醫療上的輔助或必要的手術，而是照顧人的幸福感，並給予溫柔和愛心照料——盡可能慈愛和周到地給予那個年齡的人所需的照料。以慈愛的目光看待他們，善意地握著他們的手，以適宜的方式講話安撫他們。你講話的適合度因人而異，你可能講出實情，但對在病苦中的人來說聽起來很糟糕，這樣就不太有幫助。即使你無法用語言去安撫病人或有效地用上醫療措施，只是帶著和善的面容就能有效幫助病患放鬆他們的心。

　　這對於負責病人治療的醫務人員或醫生來說，尤其重要。醫生必須避免在和病人近距離接觸時表現出懼怕，或在臉上露出「我已經放棄你了」的表情。你不希望因為自己感覺無能為力、沒有希望，而在病人面前造成令其不舒服的印象。從感覺很敏銳的病人的角度來看，看到別人對自己這種目光和表情，會感到難以忍受的痛苦。

　　當我們思考盡可能給予最好的照顧意味著什麼時，應該考慮到病人在痛苦和恐怖的情況下的反應，而我們應用自己所有的智慧和慈悲幫助他們減少痛苦。

學修指導 18

● 念頭和情緒能對我們施壓,是因為我們緊抓著它們,並纏縛在其中。舉例來說,當我們越聚焦在疼痛上,就感覺到越多痛苦。而我們越能夠放下套住自己的念頭和情緒,它們就越沒有能力給我們造成痛苦。

● 在我們自己的生活中做這個練習,就可以讓我們真正有能力給予病人類似的建議而增進對他們的照顧。我們能夠給予建議時所帶著的真摯,是提供盡可能最好照顧的關鍵。

● 我們必須以同樣的善意和愛心的方式對待所有的病患,無論是年輕人還是老年人,也無論他們是否能從病中痊癒。對我們來說,不應該是照顧預後恢復良好的病人更容易,而照顧可能無法痊癒的病人更困難。我們的目標是無論病患情況如何,都帶著減輕他們痛苦的態度給予真誠的照顧。

● 這樣練習會幫助我們覺醒,並將已經在我們內在的本然慈悲和智慧顯現出來。

19 應對難相處的病患和情況

　　對自己認識和在乎的人和善以待，總是比較容易。這對
任何人皆如此——無論你是醫務專業人士、學校老師、教授
或心靈導師，比如喇嘛。幫助願意聽我們的話並聰明地做出
回應的人，總是讓我們感覺更容易。當我們去幫助自己喜歡
的人和對我們的行為心存感激的人，可能會感到愉快和高
興。醫生如果有能力照顧善於配合的病患，即明白醫生所告
訴他的並遵醫囑，會感覺很好。當病患像正常人那樣舉止得
體，你能更好地運用自己的醫術，這類病人尊重你的能力並
能表達感激。你走進這類病人的房間，他們會對你微笑，開
心地見到你。

　　但當你遇到相反類型的病人，會發生什麼呢？你走進病
房的那一刻，他們就不開心。無論你給他們什麼建議，他們
都充耳不聞。他們可能沒有耐性，暴躁易怒，而且言詞粗

魯，他們對自己的治療情況和醫生都表現出怒氣。他們想好起來，但感覺自己痊癒速度不夠快，而他們也拒絕聽解釋。

老實說，對待這樣的人的確不容易。就像給予病患良好照顧過程中存在著障礙，這類病患不同程度地為醫生、護士或看護人員製造了很多憤怒和憎恨。一些醫生或護士會感到非常憤怒和很深的怨恨，另一些人可能感覺中等程度的怨恨，有一些人可能對自己遇到的病患只感覺有輕微的不安。無論如何，這樣難處的病患總是會讓每個人多少有些負面的反應。如果你發現自己面對這樣的人感覺不到任何憎恨或抗拒，那你可以確定這是慈悲修持有了好結果的徵兆！

無論何時，當你遇到一個很易怒、強勢或不配合的病人，你可以把這當做一個生起慈悲的特別機會。病人這樣的表現，事實上意謂著他感覺困擾、不能放鬆。他們內心的困擾還不至於到瘋狂的地步，但他們不能把控自己此刻的經驗，這是他們易怒的原因。

一個人生氣一定有原因的。舉例來說，在西藏我們認為有一種特別的怒氣是來自於飢餓，藏文中有一個詞翻譯成中文就是「飢餓的憤怒」。我不相信在英文或中文之中會有哪

個特定的詞來形容這種感覺。小孩子似乎經常有「飢餓的憤怒」——或許每天都有。不管怎樣，如果我們誠實地看待自己，會發現自己也可能在回應不同類型的壓力時變得易怒。不只是我們飢餓時，還有當我們疲累時。

如果我們因為飢餓或疲累會變得易怒，那似乎在生病時我們也難免感覺易怒。當一個人因為患病而易怒，他對自己的情緒狀態沒有辦法控制。很諷刺的是，他們經常把自己的怒氣聚焦在他們最依賴的人身上，他們會對自己的父母、朋友或配偶生氣。有時候病人感覺自己被身旁的人照顧是理所當然的，如果看護人回應太慢，他們可能會變得更焦躁。

生病的人發現自己要依賴他人的幫助。大部分的病人把信任放在醫生的身上，希望醫生有能力讓他們好起來。各種各樣的疾病有很多種，有的可能感覺近乎不可忍受，尤其是對無法治癒的疾病。

如果醫生對病人說：「我很抱歉，你的病沒有辦法痊癒。」對方就會感覺某種憎恨。即便是疾病本身沒有解藥，而醫生只是說出實情，病人還是會覺得憤怒。這不是病人想聽到的。當病人的病情嚴重，隨之而來的疼痛和不適感可能

是很難忍耐的。每一刻都要面對疼痛，會帶來內心極度的痛苦和絕望。病人感到他們的痛苦應該有解決辦法，當事與願違時，病人就會生氣，而這個怒氣可能被導向醫生。病人可能會想：「我恨那個醫生。他應該治好我的病，為什麼他不這麼做呢？」病人因為自己的不安而生起這樣的看法。當一個人感到極度的惱怒或情緒強烈時，他可能說出的話並沒有經過內心的思考。

耐心並加上慧觀

對於這種感覺自己無法再忍受，情緒強烈、易怒或疼痛中的病人，我想介紹一個跟他們接觸的方式。雖然我們理應對每個病人慈悲，然而對待易怒和不令人愉快、對你不感恩、無緣無故生氣的病人，我們更應該特別慈悲。在這種情況下，我們如何保持慈悲？我們需要有一種安忍的力量，因為失去安忍，也就很難慈悲。無論如何，如果你有意願承受病人的怒氣，做到慈悲就會容易很多，也會對病人的行為有耐心。

耐心就像一副盔甲，你的慈悲越強大，盔甲也會越堅

固，這是生起慈悲的一個聰明的方法。另一種說法是，你慈悲狀態的心關聯著一些慧觀，當慧觀現前，你就不會變得厭煩和受挫，你的慈悲需要充滿清晰照見的智慧特質。否則，當你面對不想聽從你的病人，即使當你盡全力表現出善意和關懷，也還是會感到受挫。你可能就會想：「我有什麼必要這樣？還是放棄好了。他們根本聽不進我說的。」

身體上的痛苦是一方面。相較於身體的痛苦，心理的痛苦可能更糟，幾乎到難以忍受的程度。舉例來說，你可能遇到的病人是身體上沒什麼病症，然而在他們內心卻經驗著無法忍受的疼痛和煩惱。從你的觀點來看，覺得他們沒有道理，認為他們應該想清楚，這時候你可能就感覺很厭倦而失去耐心。

當這樣的情況發生時，你必須再次披上自己耐心的盔甲，一次又一次地披上它，嘗試盡可能地慈悲。可是無論你怎麼努力，可能還是覺得自己已經確實盡力而為了，再這樣下去將超出你的極限。讓自己超出極限只會導致你急躁和惱怒，然而這沒什麼好處，因為這些情緒對病人或你自己都沒有幫助。因此有必要保持一個平衡，並學習在適當的時候劃

出一條底線。否則，即使你如此努力，也如此耐心，並竭盡全力地用了你的堅持和力量，事情還是變得很糟糕。讓自己忍耐過了頭，你會干擾到病人，也會對自己受不了。你回到家，第二天早上醒來還會感到「這到底有什麼用？」，你開始感覺挫敗。一種自我擊敗的心態開始萌芽，那將是危險的。

　　無論我們從事一般性質的工作，或有著精神領域的職責，我們總是需要保持一種平衡感。即使倒一杯水，我們也需要保持正確的平衡：如果倒太多，會從杯子溢出；如果倒太少，又會不夠喝。如果你的目標是錯誤的，水會打翻在地。我們做任何事，不管是煮一頓大餐，還是泡一杯茶或咖啡，都需要適度。如果我們放太多咖啡豆，這杯咖啡就會很難喝；如果放太少，咖啡就會太淡。這也取決於個人的口味，如果我們在咖啡裡放太多牛奶，有的人就會不喜歡。有的人喜歡喝黑咖啡，有的人希望只放糖，而有的人希望在咖啡裡加糖加奶。

　　我們需要有適度感，平衡感。但我們認為的適度，對每個人也不一樣。每個人有各自的極限，各自能做到的程度，

和各自所需的份量。如果我們了解自己的極限，如果我們知道自己的界限──那就被稱為有智慧。如果我們不了解自己的極限和界限，就不能稱作智慧，那叫做愚笨。一個愚笨的人不知道自己的界限，這樣的人需要前人告訴他：「現在不要動，現在移動，現在停止。」當一個人不知道自己的極限和界限時，被告知就很有必要。

另一方面，智慧的人對自己有所評估，並能夠保持平衡的特質，理解他人的願望和需求。舉例來說，宴會的主人對你說：「請留久一點。」而你知道這是一種表面的請求，於是回答：「非常感謝你，但我現在必須離開了。」你知道不要感覺盛情難卻而逗留過久。這就是智慧的一個例子。

極限和界限有很多不同的層次。有一個明顯的外層，一個內在的層次，以及一個很細微的層次，學習了解自己的界限和極限是智慧的。談到用藥，就意謂著要適量和適時。藥物的用量和種類需要很仔細去選擇，如果你下藥過量，會有危險，如果藥量不夠，就沒有效用，對於很多事都是同樣的道理。施藥是一個例子，但很多事都類似。

在我們所有活動中，平衡都是必不可少的：我們活動量

多少、坐多久、講多少、睡多長。如果每個活動都適度適量，那麼就會達到一定的平衡。吃太多不好，吃太多造成的負擔會讓你體重超標；而選擇吃不夠量而變得病態的消瘦也不好。當你選擇適中的一個量度，會感覺很舒服。

慈悲有不可思議的功德。但是，我們需要欣賞自己做到了力所能及的全部。我們需要對自己盡了全力有信心，我們需要認識到自己已經給予了最好的照顧，也帶著慈悲的意願。那樣，我們會開始欣賞自己做為療癒他人者所具備的能力。與其感覺壓抑、灰心和疲累，我們可以用自信來支持自己：「我知道我真誠地盡了自己全力。我已經嘗試力所能及地照顧這個人，對他慈悲。我應該對自己的努力感到歡喜。」這是一點。

同時，我們也要避免太快劃一道線，認為「我已經受夠了」。我們需要有意願持續做下去，除了認識到自己已經盡了全力，你還需要對可能還有其他可以嘗試的方式保持開放的態度。你要想：「我感到已經做到自己的最好了，但一定還有什麼可以去嘗試的。」有可能還有什麼是你能去嘗試，卻還未考慮到的。如果我們這樣想，可能會發現另外還有人

能夠輔助眼下的狀況。我的意思不是自己溜掉，而把困難的事推給別人，我談的是有意願讓其他有智慧和能力的人參與進來，在自己所做的之外給病患額外的幫助。

這種慈悲帶著一種清淨，由試圖找到最有效的照顧而來的清淨。對於醫生來說，恐怕不可能完全沒有善意，沒有一絲的慈悲，但醫生有可能對他在處理的病痛變得不太敏感。如果每天面對太多病患，和太多嚴重的問題，醫生有可能開始感覺這樣的痛苦只是常態，而停止去關心個別生病的人。當我們已經看到過太多痛苦，痛苦的人對我們就不再有同樣的影響力。

當你開始受訓成為一名醫生時，你對他人的病苦比較敏感。在你第一次為病人看診時，你會對他們的痛苦更加有覺知。而當你開始看更多病人，你會逐漸不那麼敏感了，痛苦開始看起來像常態，那種關心病患的強烈感受隨著時間慢慢消退了。運用智慧的慈悲會防治對病患的擔憂變得生硬僵化，慈悲讓你想繼續減輕他們的病苦，而智慧能幫助你理解他們的痛苦實際從何而來，這能幫助你在面對痛苦和易怒的病人時不再感覺那麼難受和疲厭。

盡力，而沒有遺憾

我們不應失去主要重點，那就是無關乎去製造慈悲，而是允許它生起的過程。就像水是濕的，而火焰是熱的，我們本質自性天生就具備慈悲。開展我們的慈悲是允許它增長，是培養已經存在於我們內在的特質。

為了能智慧地運用慈悲，我們需要用痛苦的因來提醒自己。痛苦相關於一個人對自己經驗的疼痛和不適有多麼執著，一個人如果對於疼痛和不適越專注，痛苦就越深；如果只是一種中等程度的執著或堅持，疼痛也就只那麼多；有人如果能完全離執，那就沒有痛苦的感覺，即使他們的身體經驗著疼痛的因。

痛苦和所有情緒煩惱的根本原因，是執取。執取意謂著「在心中把持」。因此我們如何不需要用一個念頭替換另一個念頭，就能完全從「心中把持」解脫呢？這就要用上我之前提過的一個概念：學習認識出自己的本質如是──超越念頭的基礎覺性。這是非常重要的一點。認識出我們的本質性不但能幫助痛苦的減輕，而且也能允許慈悲和智慧的功德增

長和穩定。我們安忍的盔甲也隨之增強變厚，我們智慧地找到解決方案的能力也變得更容易，我們不再因難相處的病人而感到過度勞累。

　　有時候困難的不是病人，而是情況本身。沒有能力挽救病人的生命對看護者來說，有時候會感覺很難承受。臨床負責的醫生或護士應當盡他們所能，用行動、話語和態度去醫治病患。盡力之後，如果病人沒有好轉，或過世了，那並不是因為你沒有盡全力而導致的結果。心裡仍然感到難過是可以的，你甚至可以把這種傷心的感受看作一個好的徵兆。為什麼呢？它表示你真正具備慈愛：你是在乎的，你不是一部機器。但是，一直懷疑自己，並認為自己做的還不夠，反覆這樣想並沒有用處，這不是一個健康的態度。

　　認識到自己在療治病人時需要盡全力，是避免懷疑和遺憾的最好方式。我們需要運用自己的身、語、意，以及在有需要時尋求幫助。那麼如果我們的努力沒能讓情況好轉，那並不是因為我們沒有盡力去幫助，而是因為你無能為力，你需要分清這兩者的差別。如果你可以做而沒有做，那是不同的；如果你只是盡了一半的努力，跟沒有能力療癒一個病

人，是相當不同的。即使你做到了八成到九成，還是有可能覺得遺憾；如果你百分之百爲利益病人盡力而爲，而病人還是過世了，那麼並不是因爲你沒有做自己有能力做到的，而是因爲你無能爲力。

沒有能力挽救病人生命是自然的事，這是不爭的事實。當我們沒有辦法救一個人時，感到難過是可以的，但我們也能有一種隨喜的感覺。我們感到難過是因爲無法改變結果，但我們可以對自己盡力而感到隨喜，我們投入了百分之百的努力。經常出現的結果是憂喜參半的感受，因爲你的確沒能救那個人的命，你不能救治每個人，但同時你可以爲自己感覺良好，因爲你盡了全力。

對於醫生或護士來說，眞正困難的問題之一是如何安慰一個臨終的孩子，以及如何幫助病童的父母。人類本性是比較容易接受年老之後出現的死亡，這種情況感覺比較容易。如果有人很年輕和健康，然而突然生病、過世，我們會感覺更難過和傷心。我們會問自己：「爲什麼死去的是一個孩子？爲什麼他們不是在年老了之後才過世？」對此有兩種可能性的答案。一個是因爲他們得了重病 —— 巧合的意

外發生，只是運氣不佳。但對於精神修行人來說，會說這是業——因緣果報。任何一種情況，都是很不幸的，生病和過世，都很不幸。

現在的問題是如何回應這種情況。只是感到擔憂和難過，感覺無助和無望，對你自己沒有幫助，也肯定對臨終的孩子沒有幫助。這些時候，我們需要堅強，孩子的父母也需要堅強，他們需要對孩子付出全心的關照、護理和愛。如果他們能請多方醫生診斷，以盡自己做為父母的全力，那會很好。美國有個很好的傳統，那就是徵求第二種意見。如果父母做到了他們的最好，就像之前所形容的醫生那樣，那麼父母也會有類似那種欣慰和痛苦同在的感受。他們無力救自己的孩子，但這並不是他們沒有盡全力，而是因為病情本身回天乏術，不能做到和沒有做到，感受是不同的，這很重要。如果你沒有做到能做的一切，那麼就是後悔的因，這可能很難撼動。如果最終孩子無法挽救而病逝，這當然會讓人感到遺憾，但因此自責是沒有道理的。區分好這兩者的差別很重要。

學修指導 19

- 不配合、失態、出言不遜和讓人難處的病人，提供了修持慈悲的一個特別的機會。難處的病人讓我們可以真正投入慈悲的訓練。

- 認識到難處的病人是被自己的狀態干擾，無法處理自己在經受的一切，或許生活也一直不順；我們可以運用這個機會有意識地表達更多的悲心，展現慈愛。

- 不要把事情看成是針對你個人的。在認知到病人對自己無能為力的同時，運用你所有的能力去幫助他們放鬆，而重獲內心的平靜。

- 耐心不是讓你不再感到病患經歷的痛苦，而是防止你被這種痛苦干擾。

- 當你感到自己已經盡了全力，保護你個人的安適感是可以的。那是在保持你自己的平衡。

- 隨著時間的推移，你會越來越少需要依賴願力，而是自然生起慈悲。這就表明純正的慈悲在開展。

● 我們無法挽救每個人的生命，這是很自然的。如果我們的病人去世，為此感到難過是可以的，但我們也要為自己盡力幫助過他們而感到欣慰。這種苦樂摻半的感受是自然的，也是沒問題的。

20 讓臨終過程更容易

沒有絕對的永恆

對醫護人員來說，讓他們感覺最不舒服的事之一是幫助將要臨終的人。死亡和臨終是更廣大的無常主題的一部分，在我們特別去談臨終之前，重要的是回想一下關於無常的討論。我們需要深刻地理解，不只是智識層面的理解，任何形成或製造的事物都無法持久。一旦我們認識並接受了無常的事實，就更容易順應所發生的任何事：愉悅、痛苦、喜樂，或悲傷。為什麼呢？因為我們能理解它們通通都會過去。

假設你還沒有接受事物是無常的這個事實。接著，很糟糕的事發生了，你會感覺自己不能承受，這是很難忍受的。諸行無常並不只是佛陀所說的一些想法，如果我們花時間去思考，它就是我們每個人都可以自己透過觀察而確定的事實。描述一切事物的無常有很多方式，但主要有四個重點值

得提出來。

1. **高樓必倒塌**。任何架構起來、製造出來、生產或創造出來的事物最終都會消散。遲早都會發生，只是時間問題。

2. **聚合必耗盡**。無論我們把多少東西聚合在一起，到一定時候都會耗盡。阻止它發生是不可能的。名聲、權勢、地位、錢財、物質，我們獲得的任何事物，在最後都會耗盡，會消失。

3. **相聚必分離**。我們和自己愛的人，有暫時的分離，也有永久的分離。一切相聚最後都會散去，無一例外，都逃不出這個事實。

4. **有生必有死**。沒有人出生之後逃脫了死亡。這在過去從沒發生過，現在也是不可能的，未來也永遠不會發生。為什麼？因為形成的一切事物本質上就是無常的。

我所指的，不只是有生命的事物，一切都是無常的：任何我們所見、所聞、所嘗和所觸的事物。任何事物存在一段

時間，然後便會消亡。而且事物並非很久之後才會開始變化，它們每一刻其實都在改變，只是肉眼看不到這些微小的變化。我曾經看過一部透過顯微鏡拍攝的電影，即使放在顯微鏡上一切看起來是完全靜止的，然而在鏡片下看到的離子一直在震動著。

　　無常是個事實，如實地看待事物是理智的。接受一切事物都會過去，有必然的好處，它幫助我們更加平衡和健康。一般來說，執著地把事物看作真實、恆常和持久的傾向，而事物自己所證明的，卻與此相反，這便製造了巨大的緊繃。當發生的事美好且令人愉悅，在它結束時我們就會感到難過。當發生的任何事很糟糕，我們自然會不開心。不管怎樣，當我們認識到一切的事情都是無常的，好或壞都如此，就會讓我們更容易禁受住變化，也會變得更有彈性。

　　我們大部分人就算智識上認識到事物無常的本質，但通常也不會花時間去思惟。當我們聽到無常，去思惟它的意義和掌握它的真相是有幫助的。透過這樣的反思，我們能開始以無常去更加關注自己的經驗，並由此得到確認──事物在更深的層次上，是持續變化的。

我們花時間思惟和學習無常，會幫助我們準備好接受身體的死亡，這是生命自然的結果。當你在生時，重要的是學習輕鬆自如地對待任何發生的生活方式。而當你臨終時，重要的是學習不帶焦慮、恐懼或疼痛的負擔而死去的方式──學習無懼於死亡。

佛教導師們都十分強調「無常」這個概念，其原因很充足。如果你花時間去思惟無常的眞相，當你直面自己死亡之時，有人從旁協助並提醒你，會比較容易。他們可以對你說：「一切都必須要過去，什麼都不會持續下去。」而你會想：「對啊，這是眞實的。」因爲你已經讓自己熟悉了這個事實，那時候承認這點就更容易了，內心也更容易接受，並可以放鬆一些。不曾思惟無常及眞心接受，人們可能會過度執著自己生命中認爲是恆常的人事物。然後，當事情出問題，他們就非常難接受。他們會慌張而不停地問：「爲什麼？爲什麼會發生在我身上？」爲什麼不呢？一切都是無常的，無常是一位偉大的老師。

我們如何用這個道理去安慰臨終的人、或他們的家屬呢？當眼前的病症還有機會治癒，我們當然應該鼓勵他們好

起來，不放棄希望。然而，一旦很清楚病癒的機會不存在而死亡不可避免，我們可以試著幫助他們不要對此太反抗，不要讓這個狀況成為一個負擔。我們可以盡力去幫助他們接受死亡是事物自然的一個進程——一切都有終結。這是你如何可以幫助臨終病人和他們家屬的方式。

不過，我們不能因為病人即將死去，做為不給予他優質護理的藉口。我們需要很好、很溫和地對待他，我們要握著他們的手，輕言細語，幫助他們放鬆。我們可以告訴他們：「不用擔心。你現在所經歷的很自然；放輕鬆就好。任何可以讓你感覺舒服的，我們都會盡力去做。」

臨終的關鍵

接受死亡是自然而然、無可避免的，可能對一些沒有思惟過無常的病患來說，一開始聽到會感覺不舒服。大部分臨終的人都很執著他們的家人、物質上的東西或一些他們無法帶走的東西。我們要鼓勵他們放下，因為是這種執著造成了那麼多焦慮和恐懼。跟病人親近、得到他們信任的任何人，應該給予他們溫和的照料，並鼓勵他們放鬆和放

下。特別是你面對的病患如果沒有精神信仰，想到要與自己的家人和財物分離會帶來極度痛苦的恐懼和折磨。為了幫助他們減少內心的執取，你可以溫和地對他說：「現在的執著有什麼用呢？那只會給你帶來更多痛苦。可以放下。」這是傳統上可以試著安撫臨終病人的方式。

如果臨終病人是一個修行人，就多少會有不同。修行人或許相信儘管身體會死，但心或精神並不會。如果你相信死亡之後心還會繼續下去，執著的問題會從不同角度去看待。從這個角度來說，不只是將要死去時，執著是個問題，而且在死亡那一刻以及死後也存在執著的問題。因此，更重要的是在死前試圖放下所有的執著。

人們執著的事物有很多不同類型，最強大的執著通常是對於他人的執著，但也有可能執著一個特定的事物、財產，甚至是風景優美的一個地方，有那麼多事物可能讓你非常喜歡而不想跟它們分離。臨終的人很少會為失去他或她知道並在乎的事物感到高興，臨終的人很希望自己能帶走心愛的人、珍視的財物等等，然而他沒有能力這麼做，他們不可能帶走任何東西。即使人們不情願，還是要失去一切。

因此，關鍵是要放下，放下所有你緊緊抓著的一切。如果你執著於自己的資產、所有物等等，在自己死前將他們都送出去是很好的，無論送給你的家人或用作慈善。這樣的話，你可以開始在心中跟所有這些事物分離，並開始感覺更自由。當然，你不想離開自己的父母、兄弟姐妹、孩子和伴侶。但如果你知道自己必須要離開，重要的是跟他們好好說再見，希望他們都安好。家人和朋友也應該被鼓勵以表達對臨終者的祝福來分離，他們不應該緊抓著並反覆說：「不要離開我，不要走。」這種表達方式會對不可避免的分離帶來障礙。放下會好很多，這允許臨終的人在放下執著之後平靜離世。切斷執著的枷鎖對任何人都有好處，無論他們有沒有精神信仰。

如果臨終者是修行人，並在有生之年接受過一些特別的指導，那麼除了放下，他們還有其他可以做的。他們可以運用叫做「遷識」的修持，這個技巧是根本上保證心識以最佳軌道離開身體並開始下一段旅程。

同樣重要的是，如果臨終者知道如何做，讓心安住在平等捨的狀態而離世。對於臨終者最重要的是沒有情緒上的干

擾，而能夠保持平靜。一般來說，臨終者的家人和護理人員
應該將不干擾臨終者的情緒做爲首要考量。他們的注意力應
該在幫助病人放鬆，平靜輕鬆。平靜離世也就是善巧地死
亡。

　　當我被請求去臨終者身邊時，我會試著做下面幾步。首
先，我會試著詢問出這個人相信什麼。他們的信仰爲何？接
著我會了解對他們而言，人生正向和美好的意謂著什麼，他
們人生的意義爲何。如果他們是修行人，我會試著提醒他們
自己的修持，會試著讓他們再次記起自己接受過、修持過的
教法。

醫療者的觀察和判斷

　　對於身患不治之症的重病者，讓病人知道多少病情的訊
息有不同的處理方式。一方面來說，告訴臨終者眞實的病情
看起來是有好處的。但另一方面，病人要接受實情也可能
是非常痛苦和困難的。近年來在西方，醫生會覺得把他們
認爲的眞相講出來是比較輕鬆的。如果病人無法醫治，醫
生會覺得一定得告訴病人診斷結果，否則醫生會覺得自己

在說謊。在東方，醫生經常會說謊，故意隱瞞實情。醫生在這種情況下為什麼要說謊？這是基於惡的動機，還是善的動機？有可能是善的動機。什麼情況下我們會說是善的動機呢？很多東方的醫生相信心的力量。與其強調病人不治之症的本質，醫生反而會說：「你會沒事的。如果你對康復願力堅強，可能會幫助你活下來。即使病情已經惡化，但過去有人遇到類似情況還是活下來了。不要放棄希望。」這樣說，會給病人面對疾病的力量。當像癌症這類嚴重疾病剛被診斷出來時，醫生可能透過一些數據證明而知道康復機率甚微，但那時如何將病情告訴病人，醫生還是有選擇。

西方科學研究顯示病人透過他們心的力量，會對自己的病有一定的掌控能力。這跟佛教的信仰相符合。當病人聽到對他們病情的正向描述，他可能會想：「醫生說我會沒事的。那我要繼續健康飲食、定時服藥，並做一些運動。我會強壯起來。」他們因為有希望而感覺更快活。他們認為自己還有機會。而如果你告訴他們的是：「很抱歉，沒有希望了。」那麼病人會想：「那我為什麼還得吃藥？」那時候病患只會經驗到恐懼而放棄希望，他們跟疾病做鬥爭的能力也

可能因此而減弱。

　　我認為最好是在這兩個極端之間嘗試找到一個中道的作法。當然大家都想誠實，但是，有時候試圖過於坦白並不是真正的誠實。舉例來說，如果你想說「我認為你的病無法治癒」，這可能反應你在當下的真實想法。但如果那個病人後來康復了呢？這表示你當時是說謊嗎？如果病情的確很糟，你可以說：「你的病不是很容易治癒，但我們要盡力治療。我們雙方都要抱持希望。我們盡力而為，你也可以盡全力。」這樣做會避免讓所有希望破滅。

　　一旦病情變成不可避免的無藥可治，而病人已經面對死亡，我們可以改變自己的方式。這時我們需要解決問題的最佳方式是減輕他們的痛苦，現今醫生有強效的臨終止痛藥，這些藥物效用很大，但它們也有可能蒙蔽病人的心。因為我們一直在討論臨終時一個人該有怎樣的心理狀態，如何在特定狀況下使用這些藥物可能會讓人困惑。

　　做為療癒專業人士，你需要知道運用自己的智慧。對這個問題沒有一個固定的答案，你需要根據情況而個別做評估。病人是哪一種人？他有多少精神修持的背景，抑或是真

正的修行人？這位病人在他心的狀態不受負面影響的前提下，實際可以容忍多少疼痛？你需要決定最適合的方式是什麼，底線在哪裡。最好是能一定程度保持覺知，而不讓病人完全失去知覺；同時，你不想讓他受不必要的痛苦。在這兩者之間，你需要找到一定的平衡點，這是醫生必須做的個別判斷。

我聽照顧臨終病人的人提過，有時候似乎病人的宗教信仰沒有帶來慰藉，反而增加了生命結束前的恐懼，這對於醫生或護士可能是很尷尬的情況。在佛教傳統中，當一個人面臨死亡，有一個特質極端重要，那就是真的不再責難自己。你已經對誰講了抱歉，或是你想像自己對誰道歉了，都無關緊要。最重要的是在那之後你真正放下了曾經感覺自己在身、口、意上的錯誤行為。你承認自己做錯了，也誠懇地道歉了，然後想像它們全部都得到清淨、消失、被原諒了。你需要完全地放下那些念頭，它們便不再給你負擔。這會讓你感到很自在：卸下包袱，輕鬆，平靜。

醫生或護士可以鼓勵病人放下有壓力的感受和擔心。你可以告訴他們放下是可能的：「是的，你可以。你可以放

下。」但是你無法幫他們放下，他們必須自己放下，你的職責只是盡力協助他們。當你溫和地鼓勵他們放下所有感受和擔心，你可以試著用和善的表情面對他們，把你所有的慈愛和注意力放在他們身上。即使他們不能百分之百地捨棄自己的恐懼和擔憂，他們有可能放下百分之二十到三十。如果他們很聰明，內心很開放，他們或許有能力放下百人之九十。但即使只有百分之十到二十，也會有幫助。你可以試著幫助他們感覺放鬆，放下他們擔心受罰的恐懼。你可以試著幫助他們放掉所有造成他們痛苦的執著。我們有能力、善巧地幫助臨終的人平靜離世。

學修指導 20

- 有生必有死。我們一旦出生，有一天就必定會死亡。將我們的一部分時間投入在認真思惟無常，會幫助我們接受死亡做為生命自然結果的必然性。

- 當然，最好的情況下，臨終的人能夠放下他們對今生的執著，因為執取會讓死亡的經歷相當痛苦。但我們在對臨終者做這方面的建議時必須非常小心。必須符合個案情況善巧地選擇如何對臨終者進行諮商。

- 只有當確定死亡迫在眉睫，而康復完全沒有希望時，我們才應該將注意力投向幫助病人進入臨終過程。

- 在關懷臨終者時，我們必須根據病人自己的信仰，給予我們真誠的關懷。個人信仰所帶來的安慰，有助於減輕疼痛和給面對死亡的心帶來平靜。

- 我們也可以溫和並帶著慈悲地鼓勵臨終者放下自己執著的事物，因為執著讓他們的病情比實際狀況更痛苦。給予這類建議時必須很小心、帶著智慧。

- 我們照顧臨終者的首要目標是讓他們可以平靜過世。

21 有尊嚴的死亡之眞實涵義

　　我已經談過如何幫助一個人更平靜地死去。無論如何，開展更多方法去面對死亡是有可能的，如此你便能在接近自己死亡時有正面的態度。如果你是一個修行人，也有禪修的經驗，那就有可能將死亡看作可以有意識去經驗的一件事。能夠有意識地死去，而且沒有恐懼，會爲進展到證悟之道提供有利的條件。一般要花很長時間才能達到的特定精神證悟，在這個時候可以非常迅速地做到。修行人能由一位上師或自己親近的法友指引，經過死亡不同的各階段，並被提醒到自己正在經歷的是死亡過程中正常的階段。藏傳佛教的教法認爲當色身開始分解時，隨著明顯的徵兆，五大元素的力量逐次將它們的能力釋放到意識。一位精神修持的法友可以在你經歷每一階段時爲你指出來，而因爲你自己也學習和修持過臨終，便能夠接受並感恩這些指引。

四中陰

金剛乘教法，也就是藏傳佛教的密乘道之中，有關於一個人存在的四個過渡階段❶的描述。第一個過渡階段開始於你從母親子宮離開的那一刻。你有了第一次的呼吸，開始成長，接著在某一時刻，你將接近生命的終點，那時候你很清楚自己的狀況是要死了。這可能是由於疾病或意外，但無論哪種原因，你會認識到終點即將到來。從你第一次呼吸到你知道死亡已經開始之間的這段過渡時期叫做此生中陰階段。很有趣的是注意到當母親生出一個嬰孩，孩子出生後做的第一件事就是哭，而在死亡的時候，人們為之而哭。孩子從母親的子宮出來那一刻，淚水也跟著流出來；如果你仔細看人們斷氣那一刻，也會有淚水。研究這其中的原因，或許很有意思。當然，人有理由在死亡時哭泣，但為什麼出生的時候不大笑呢？

第二個過渡時期是臨終中陰。從人的身體確定無法康復、繼續生存的那一刻開始，直到最後一口氣呼出去時。這

❶中陰階段。

個中陰階段伴隨著特定的主觀經驗，佛教將這些經驗解釋為元素的消融。這些消融經驗包括感覺沉重、感覺冷、口鼻乾涸，這些是死亡臨近時明確的徵兆。最後，我們一般的呼吸，即外息，有別於更像是能量循環的內息，會首先停止。接著，內在能量的循環也會停止。這一刻會出現特別的經驗，接著會進入一個無意識的狀態，叫做「昏厥」。昏厥之後，會有一個從無知覺中重新醒來的過程。

　　接下去的一個過渡時期是我們本質自性的光明中陰。在這個階段，我們的本質自性：心的基礎自性，有短暫的一段時間是沒有被完全障蔽的。在這一刻，我們可以一瞥自心基礎的本質，每一個有情生命都同樣會經歷到這個過程。這樣一個心的特質，這個「光明的覺醒」，會在那一刻向我們展現出來，但有可能只是很短暫的一瞥。執取二元的傾向會逐步地再次形成它自己，對於我們大部分人，二元有可能即刻間重現並障蔽我們本質自性的經驗。

　　不過，假如說臨終的人在他或她有生之年已經接受過心性的指引，也訓練過認識出心性並達到某種程度的穩定。那麼這樣的人在自性的過渡期，會熟悉如何安住在心這樣的狀

態。那時，這種人會經驗到「母子光明會合」，或是說如同孩子認出自己母親那樣認識出他自己的佛性。這一刻，就是完全解脫的機會。

如果你接受過保持無二的本然心的訓練，這樣的狀態也被稱爲無緣如是，那麼由死亡時出現的昏厥中醒來那一刻，立即就有解脫的機會。如果你有能力在光明覺醒的認識中保持穩定，你就能解脫。否則，迷惑會再次顯現。如果確實這樣發生了，那麼在第四個過渡階段的投生中陰之外，就沒有其他機會「解脫」了。「投生」在這裡的意思是尋找重生。這就是爲什麼當一個修行人臨近死亡那一刻時，記住這些教法、記住自己心靈上師，是極端重要的。如果你記得自己的精神導師，你將立刻記得在這一刻要做什麼的教法。如果你能夠記起來，那會有相當大的利益。

在投生中陰過程中，你在尋找一個新的再生。根據佛教的觀點，持續下去的是神識，它不會就這樣消失，因此有可能會得到重生。投生中陰的過程一般會持續四十九天，在此四十九天的前半段，你可能還不知道自己已經死了。你四處走來走去，記憶和印象等等還是看起來跟你在生時差不多。

你試圖跟過去的熟人和愛人連結，但已不再有可能。到某個時候，你發現自己已經死了，而你便開始向自己的新生命邁進。逐漸地，周圍景象和感覺開始像是你將要再生的地方。

　　在那個中陰階段你擁有什麼類型的身體呢？它被稱爲意生身，由業力習氣──我們的思惟習慣所成。你的身體很像你在夢中東奔西跑時的身體。在夢中，你的色身還是躺在床上，但你的夢之身四處遊走，做著各種事情。感覺起來就像你有一個身體，而事實上你並沒有。這跟心在投生中陰遊走時所具備的是同一類身體。因此，你可能不會立刻認識到自己已經過世。意生身被賦予了特別的力量，五個感官都完好無缺，但你可以瞬間穿過堅固的物質。你想到去哪裡的那一刻，你就突然間在那裡了。爲什麼？因爲那不是物質的身體，而是由念頭造就的。也就是這個可以頃刻間到處移動的能力讓人突然認識到「我過去並不能這麼做啊。或許我死了。」這個認識有可能非常讓人驚恐，而引發一種恐慌的眞實感。

　　因爲人在這個中陰階段會有恐慌的傾向，因此佛教傳統認爲很重要的是在死亡之後四十九天期間爲亡者行善積德，代表亡者發願祈福，跟亡者有關聯的人都受到鼓勵去這麼做。

這個方式被看作是減輕投生中陰沒有形體這個過程中的痛苦和恐懼,甚至可以幫助他們完全脫離痛苦,或至少減輕痛苦,並幫助啓發他們找到有利於進一步精神修持的善道去投生。

經驗到我們本質自性的光明中陰那一刻,就像是道路上的一個岔口。我們有機會選擇其中任何一條岔路——解脫,或是繼續迷惑。因此,面對死亡真正的尊嚴是來自於你從個人精神修持獲得的信心。你對自己的本質自性很熟悉的話,就會知道解脫是可能的,那便是真正尊嚴的來源。尊嚴在表面上是來自於死亡時不被擔憂、焦慮和其他自造的煩惱干擾,我們可以透過訓練平靜心和不執著人生轉瞬即逝的事物而達到一定程度的尊嚴感。

帶著尊嚴的狀態離世的能力,跟我們如何度過今生有密切關係。我們不可能突然間注意到自己死亡的時刻臨近並試圖讓自己有一種特別的感覺,到那時候就太晚了。當自己還有時間,就需要做準備,這意謂著當我們還在生、還未確定開始死亡時。尊嚴指的是一種自尊、感恩和自信的感受。如果我們帶著這樣的感覺走過臨終的過程,那麼就是有尊嚴的死亡之真義。

學修指導 21

- 試著理解我們死後會發生什麼，是有信心面對死亡的關鍵。

- 藏傳佛教認為生命的存在由過渡的幾個階段組成，而非簡單的「生」「死」兩部分。

- 有信心準備好面對死亡和死亡將帶來的，會幫助我們有尊嚴地死去。

22 藏醫療

　　儘管本書中我們主要專注在西方醫療，但是以藏醫藥的簡短介紹來結束，不失為有意義的方式。了解西藏醫生們行醫時如何履行我們一直在談的一些準則和訓練，也許會讓你獲益。

　　在西藏的傳統中，醫方明做為五明之一而被傳授。「五明」是藏傳佛法核心修持所涉及的五個知識主題，它們是醫方明（醫療）、工巧明、因明、聲明和內明。西藏的醫療從二千五百多年前便開始了。記載如何診斷和治療疾病的法本，在佛法進入西藏的八世紀之前就已經流傳著。佛教進入西藏之後，傳統藏醫變得更加標準化。藏醫的基礎和行醫方法在權威性經典中有明確的解釋和定義，然而這些經典還未全部翻譯成英文。

藏醫中的三種疾病分類

在藏醫理論的脈絡中有三種基本的疾病：第一種叫做「生理失調」，第二種翻譯爲「惡氣」或「邪惡的影響」，第三種叫做「心緒失調」。

造成生理失調有三個主要因素。它們叫做風之失調、膽病和涎病，以及這三者的組合，失衡的組合形式被分類爲四百零四種主要的疾病。此外還有附屬的各種疾病，種類多到難以計數。

對惡氣造成的疾病的解釋，會跟生理疾病有所不同。某人如果以科學頭腦來了解，看到這個被叫做「惡氣」的東西，或許會笑著不予理會。但一些心態開放的讀者會說：「我很好奇它眞的是指什麼？」惡氣有三類：陽性、陰性和中性。如果我們去觀察一個病人的感知方式和這裡所指的惡氣之間的關係，會發現很有啓發性。

一些惡氣案例的症狀診斷在西方醫生看來，可能會被診斷爲精神分裂、嚴重偏執或癔病。帶有這類精神狀態的病人會看到並不存在的事物，聽到其他人聽不到的聲音。西方把

這樣的狀態叫做「妄想症」。這些狀態從何而來？在佛教傳統看來，生理疾病和被記錄為惡氣的疾病二者，在根本上都是由被我們稱為貪執、怨恨和冷漠的情緒所導致的，也就是我們在前面章節所說的三毒。這些情緒最終會導致失衡，而失衡就會讓我們生病——生理以及心理疾病。如果你以因果為基礎，仔細研究我們身心各種元素的不同關係，會比較容易接受上面的說法。好幾個世紀以來，西藏醫生們的研究對不同類型疾病的來源，和那些基本負面情緒煩惱的各種組合中的惡氣，給予了明確定位，依此提供了從心理和生理兩個層面治療這些疾病的方法。

對於治療心緒失衡，藏醫會建議病人如何改變心態或態度。一個人可能因為強烈的憤怒和抱持深刻的慳吝而感覺不安。為了消除憤怒，病人可以做一些特別的心理練習，從而減輕失衡。在這樣的情況下，醫生基本上就像臨床心理醫生。

當藏醫面對病人時，有必要做出診斷。在西藏，沒有科學儀器的資源用來做疾病的診斷，醫生僅依靠手獲取的信息來判斷。藏醫運用的診斷方式有兩種，一種是以脈相來檢查，另一種是檢查尿液。透過把脈，醫生能發現病人得的是

一般疾病，還是惡氣，或是這兩者綜合起來而形成的疾病，以及這兩者中主導的病因為何。對於很博學和有經驗的藏醫來說，他不是一開頭就問病人問題。他會先將三隻手指放在病人的手腕內側為病人把脈，慢慢檢查影響身體各部分的六種脈相所反映的狀況。接著，醫生會問病人：「你身體是不是這裡或那裡感覺不舒服？」如果他是正確的，就表示他是一位有經驗、稱職的醫生。

尿液診斷是醫生觀察尿液不同方面的特徵：尿液清澈度、顏色，當攪動尿液出現的水泡和水沫，以及它的氣味。透過觀察，各類疾病就能夠依據之前我提的風失調、膽病、涎病以及它們的組合而得到確診。

藏醫治療之中，課本的學習並不被看作比學習之後的實際操作經驗更重要。診斷的最佳時間是一大早，在病患的身體還未被各種日常活動所攪動之前，這時候給予的診斷會更精確。真正的專家級藏醫甚至能預測出一個人的壽命還有多長，不過，即使在西藏的醫生中具備這種能力的也非常罕見。

診斷過程的其他部分大概與別的國家和傳統的方式相

似。你會檢查病人的面部、臉色、眼睛的色澤、視線如何、鼻子、舌苔、皮膚的色澤和明暗、身體的姿態、呼吸、循環等等，醫生要參考所有這些可觀察而來的特徵來做診斷。

如之前所提到的，藏醫療認為所有身體和心理的失調，都是三種心毒：貪、瞋、癡的最終顯現。這三種心毒都是由無明所造，無明指的是缺乏對自心本質自性的認識。藏傳佛教的觀點認為，只要無明還未被淨除，就不可能有完全的健康可言。主要的一點是，如果你想不生病，消除無明就是必要的；如果你想去除症狀，那就需要去除其原因。這就是為什麼有人說任何凡夫眾生無一能逃脫生病和惡氣，因為他們的心持續在三毒的影響之下。

因此，我們可以了解疾病的根本原因是三種煩惱情緒，而它們的根本是無明，無明是缺乏對事物本質自性的了解。所以我們需要認識我們自心的無緣本質——自性，它超越了執取。

對這樣一個自性，我們需要不只一瞥而見到它；更需要將這樣的經驗開展到完全穩定的程度。一旦我們能夠穩定自己對無緣自性的經驗，我們就可以被稱為是解脫疾病和惡氣

的人。覺者——佛，有時候被形容爲已征服了四魔的人。四魔其中之一就是煩惱情緒——一切疾病的因。

當我們因爲某種特別的惡疾而患病，它通常是一些因素所造成的結果。從藏醫的角度來看，一組因素的聚合導致了一種生病的狀態。這些因素包括各種不同的事物，如地理環境、時間、溫度、態度和食物，所有這些合在一起便促成了某種特定的失調。我們生存的外在世界、自然環境，是由地、水、火、風、空組成，這個色身也和那五種元素相關聯——我們有血肉、體溫、呼吸、和其中的空間。

一個人要能感覺輕鬆自如，一定程度的平衡是必要的。過去，天氣和環境並不會太讓人們擔心，但現在似乎已經成爲普遍的擔憂了。降雨可能過度，或是不夠；熱度太高，或是不夠熱。當這些因素變得很極端，我們就會開始擔心自己是否還能在某個地方居住，整個世界環境看起來似乎有點不可靠。爲什麼呢？因爲外在元素的失衡。換句話說，環境也生病了。

但這至少還有一個好的面向，那就是環境並不能感覺到什麼，因此不會有痛苦。然而環境裡的居民，生活在其中，

有意識，因此能有所感覺。當環境失衡，我們便感覺不舒服。環境中棲息的所有生命之中，人類是最有能力的。我們知道如何讓自己不受太熱天氣、雨水過多、風太大等天候的傷害，我們知道如何為糟糕的時候儲備營養。這是人類所做的，他們提早想到並試圖讓自己感覺舒服和安全。但其他眾生和畜生沒有能力在環境改變中保護牠們自己，當出現巨大的熱、冷或濕度方面的失衡，牠們就會受苦。牠們在發生改變的環境狀況中沒有能力照顧好自己，當情況變得異常困難，動物們會極度受苦。

風、膽和涎病

就像外在世界那樣，身體的失衡也會造成痛苦。內在環境裡，三個元素即風、膽病和涎病的失調，會帶來疾病。其中牽涉很多不同的事物，但主因是內心的擔憂和壓力，擔憂和多慮有可能讓一個人生病。另外兩種失調主要跟營養有關。

風失調經常被診斷為心理失調，但它們也有可能由外在情況造成。輕微的風失調不會是大問題，有人可能因此有睡

眠問題，或沒有明顯緣由地感覺緊張或不安。如果一個人風失調比較嚴重，可能被形容爲心理不穩定，如果失衡非常嚴重，就可能被稱爲瘋狂。對此，藏醫藥會開處方，但藥物不是康復的關鍵因素。病患所住的環境有著最大的影響，他們應該住在安靜且不讓他們感覺有負擔的地方，那裡應該有潔淨的空氣，病人需要能看到天空。治療的一個重點是要消除擔憂的來源，風失調是我們之中任何人都會不時經歷的，不只是敏感體質的人才會遇到。

　　第二種疾病是膽病。這並不一定是膽囊引起的某種特別疾病。它的成因是飲食過度油膩，特別是油脂如果已經陳舊或變質。膽病使身體感覺沉重，人會無緣無故感覺抑鬱或易怒。正如之前一樣，醫生會囑咐病人調整一定的行爲、環境、飲食和藥物。膽病的大部分藥物都非常苦——味道很不可口。這一類病症也包括關於黃疸病和其他類型的肝病，而在藏醫傳統來看它們都不算主要的問題。如果它們能在早期被查出來，那時候皮膚還沒有變黃，就可以透過藥物很快恢復。印度的阿育吠陀傳統和藏醫傳統都有對治這種症狀的藥物。藏藥有一種非常苦的流質藥物，可以在五、六天之內治

癒黃疸病。對治膽病的另外一種藥是由甘蔗製成，除去裡面的蔗糖，而留下甘蔗本身，它會更快地消除身體內的黃疸。

第三種疾病是涎病。一旦涎病發展成為慢性病，就可能非常難以治癒。涎病有很多種不同的類型，但它們都需要特別的飲食調理、環境、作息和藥物。癌症被歸屬在涎病這類病之中，西藏的醫生們在過去幾十年對癌症有了一些研究，他們把癌症歸於十八類疾病、藏文稱為 nyen 的一類病。這十八種疾病之中的一些可以在初期治癒，若已擴散到全身就無法治癒了。這一類疾病之中其他的幾種病，無論你做什麼，都是無法治癒的。它們侵入身體之後，尤其會損壞主要的內臟，比如脾臟和胰臟。

熟練的醫生有能力查出身體失調和惡氣之間的差別。如果是惡氣，醫療和藥物是不夠的，還需要其他的東西。在這種情況下，特定的修法──持咒和誦經的儀式──要和藥物治療配合起來。對於情緒失調，醫生會給予病人如何調整內心狀態和態度的建議。瞋怒熾盛或是強大的慳吝不捨，很容易讓人不安而生病。

西藏的療癒醫師都相信快樂的心境對於病人也是一種

藥。如何讓病人安定，如何讓他們放鬆，被認為是很重要的。讓一個病人安定下來，就是治療的一種形式，這樣放鬆的心境成為後續治療的基礎。當一個人被安置於放鬆的狀態，額外給予他的藥物不但會更快生效，而且最終能達到治癒的效果。

有一些西藏的醫藥典籍已經有上千年的歷史，而今依然適用，它們之中對於手術、身體某些部位熱度調節和不同部位的放血都有清晰的描述。這些操作的工具現在仍然留存了下來，然而，施行手術的實際技能以及動手術的能力已經失傳。經籍記載了腹腔手術，摘除白內障手術和其他手術，然而實施這些手術的傳承在藏醫裡面已經沒有了。可是現在會對特定身體部位施以熱治和放血的療治。

放血並不是一個簡單的操作。醫生必須對於病血要從身體哪個特定的點放出、放多少以及在一天之中什麼時候放血都要非常精準。放血必須由非常有經驗的醫生來操作，否則會非常危險。他首先要區分病人身體血液循環中有疾病的血液和其他血液的差別，以準確取出生病的那部分，而保留其他血液。

對於一些失調疾病，藏醫尤其有幫助。一種是顯現爲感覺躁動、不安或睡眠困難的風失調。我相信這些在西方病人中也是常見的。膽失調造成黃疸病，但也有比較輕微的形式，如沒有緣由地感覺疲累或精神不濟。風失調和膽失調都可以透過藏醫藥而被清除。

治癒的方式

總體來說，在藏醫傳統中有三種療癒的方式。第一種方式是運用身體上的物質和內服藥物。第二種方式是運用咒語、特定詞句或聲音，並重複多次。第三種方式是用一種達到稱爲「入定」的修持方式，這是透過修持而做到放鬆的觀修。醫生透過精神修持達到的智慧，也能對病人的療癒有幫助。

後面兩種方式對科學頭腦的人接受起來或許有些困難。但是我也聽說現代西方科學正在研究如果在病人不知曉的情況下，爲他念誦祈願文是否能增進療癒。迄今爲止的研究證明那的確是有好處的。也有研究是教導西方人禪修，並發現他們的免疫系統由此得到了顯著進步。因此，對於這個主

題抱持開放的心態或許是好的。

　　西藏行醫中堅持相信醫生崇高動機的重要性，這與有能力做出診斷和提供治療建議並駕齊驅。如果醫生的心地善良，開出的藥方也會更有效，這在西藏是很普遍的信念。在西藏醫療系統中，跟西方醫療系統一樣，醫生也必須很聰慧和博學。他們要記住所有疾病的徵兆、症狀以及適當的治療方法。除此以外，藏醫們也經常要自己採集並製作藥物。一位醫生醫術高明，也很聰明，事事在行，但如果他或她態度傲慢，那麼在慈悲和關懷層面就有可能很弱，由此而來的結果是治療效果也水準平平。相反地，如果一個醫生並不是特別有能力，但非常好心，那對於療癒病人或許更有成效。

　　究竟來說，我們判斷一位醫生，不只看他的專業成就，更是要看他是否是一個內心高尚的人。從西方科學的角度去測量醫生的善願和他的醫治療效之間的關係，或許是件很有趣的事；換句話說，一位慈悲的醫生給予病人的良好祝願和能量所帶來的利益是否能被測量出來。在西藏，這種正向的態度所帶來的利益被廣泛接受，並且被看待得比藥物本身更重要。

這便是本書的關鍵要點。結合醫療與慈悲，意謂著爲了利益你的病人而決定要培養慈悲心，緩解病人痛苦的意願。一旦做了這個崇高的決定，一切都將從中流露出來。擁有崇高之心是非常珍貴的，是療癒之中最重要的原則。

學修指導 22

- 西藏的醫療方式開展的模式，是認為健康來自身體內各種元素的平衡，以及身心之間的平衡。

- 在藏醫中，生理和心理的痛苦是以同一連續性的發生來治療，而不像在西方醫學中被分割得那麼清楚。

- 對任何形式的療癒來說，慈悲的態度被看作是將病患安撫下來並幫助他們感覺好轉的關鍵。

千佛寺——
一份吉祥的真、善、美福報

位於尼泊爾南部的藍毗尼，是悉達多太子的誕生祥地。悉達多太子證道後，世人尊稱他為「釋迦牟尼佛」。釋迦牟尼佛是現今賢劫千佛中的第四尊佛，而藍毗尼則是賢劫千佛的共同誕生地。藍毗尼是佛教的發源地，也是佛教徒最為重要的朝聖地之一。一九九七年，藍毗尼被聯合國教科文組織認證為「世界文化遺產」之一。

二十世紀藏傳佛教著名的禪修大師——至尊祖古·烏金仁波切在涅槃的前一年，對兒子確吉·尼瑪仁波切道出遺願：如果能在藍毗尼建一所大寺院，就實在是太殊勝了。

在確吉·尼瑪仁波切的親自督導之下，「帕爾土登謝珠林寺」、又名「千佛寺」，於二〇〇九年開始興建。寺院所在位置距離釋迦牟尼佛誕生地不到一公里。這座為後代萬世佛子所設立的珍貴道場，將成為未來聞思與修行佛法的重要法座。

千佛寺的設計採用傳統藏傳佛教風格，五層樓高的結構反映了佛陀悟道的三身。第一層將供奉三尊大佛，各有七點六公尺高，代表了過去、現在和未來的三世佛，同時還將供奉一千尊四十六公分高的佛像，代表了現今賢劫的千佛。第二層將供奉大悲觀世音菩薩以及八大菩薩；第三層將供奉阿彌陀佛，以及一間設有收藏巴利文、梵文、藏文、中文、蒙古文以及其他語文的佛教典籍的圖書館。同時，還有十六羅漢，二十一度母以及蓮花生大士的聖像也將供奉寺中。

如今，千佛寺的建設仍在如火如荼地進行中。在歷經二〇一五年尼泊爾大地震等種種艱辛考驗之後，在世界各國善心人士的大力護持之下，目前寺院主體結構已經全部完成，現正進入內部裝修與裝飾階段，並預計於二〇二一年竣工。

千佛寺建成之後，將會極大利益到前去藍毗尼參訪的每一位信眾和遊客——在千佛寺做一個頂禮，即向賢劫千佛頂禮；在千佛寺供養一枝鮮花，即向賢劫千佛供花⋯⋯，如此所積聚的福德利益是無法估量的。

因此，確吉・尼瑪仁波切總是提醒信眾：「建造千佛寺，不是為了你，也不是為了我，而是為了大眾，為了這個世界以及世世代代的後人。」

現在，我們誠邀您與所有善心人士一起，共同為千佛寺的建設作出貢獻。參與護持建造佛陀之身、語、意的象徵，將有助於我們實現此生的願望，並在我們的心中播下解脫的種子。

您願意與我們齊心協力建成這座殊勝的千佛寺嗎？

• 參與護持千佛寺的建設，請瀏覽以下網站：
www.dharmasunasia.org

• 聯繫郵箱：1000buddhatemple@dharmasunasia.org

JB0110	正覺之道·佛子行廣釋	根讓仁波切◎著	550 元
JB0111	中觀勝義諦	果煜法師◎著	500 元
JB0112	觀修藥師佛：祈請藥師佛，能解決你的困頓不安，感受身心療癒的奇蹟	堪千創古仁波切◎著	300 元
JB0113	與阿姜查共處的歲月	保羅·布里特◎著	300 元
JB0114	正念的四個練習	喜戒禪師◎著	300 元
JB0115	揭開身心的奧秘：阿毗達摩怎麼說？	善戒禪師◎著	420 元
JB0116	一行禪師講《阿彌陀經》	一行禪師◎著	260 元
JB0117	一生吉祥的三十八個祕訣	四明智廣◎著	350 元
JB0118	狂智	邱陽創巴仁波切◎著	380 元
JB0119	療癒身心的十種想——兼行「止禪」與「觀禪」的實用指引，醫治無明、洞見無常的妙方	德寶法師◎著	320 元
JB0120	覺醒的明光	堪祖蘇南給稱仁波切◎著	350 元
JB0121	大圓滿禪定休息論	大遍智 龍欽巴尊者◎著	320 元
JB0122X	正念的奇蹟	一行禪師◎著	300 元
JB0123	一行禪師 心如一畝田：唯識 50 頌	一行禪師◎著	360 元
JB0124X	一行禪師 你可以不生氣：佛陀的最佳情緒處方	一行禪師◎著	320 元
JB0125	三句擊要：以三句口訣直指大圓滿見地、觀修與行持	巴珠仁波切◎著	300 元
JB0126	六妙門：禪修入門與進階	果煜法師◎著	400 元
JB0127	生死的幻覺	白瑪格桑仁波切◎著	380 元
JB0129	禪修心經——萬物顯現，卻不真實存在	堪祖蘇南給稱仁波切◎著	350 元
JB0130	頂果欽哲法王：《上師相應法》	頂果欽哲法王◎著	320 元
JB0131	大手印之心：噶舉傳承上師心要教授	堪千創古仁切波◎著	500 元
JB0132	平心靜氣：達賴喇嘛講《入菩薩行論》〈安忍品〉	達賴喇嘛◎著	380 元
JB0133	念住內觀：以直觀智解脫心	班迪達尊者◎著	380 元
JB0134	除障積福最強大之法——山淨煙供	堪祖蘇南給稱仁波切◎著	350 元
JB0135	撥雲見月：禪修與祖師悟道故事	釋悟因◎著	350 元
JB0136	醫者慈悲心：對醫護者的佛法指引	確吉·尼瑪仁波切 大衛·施林醫生◎著	350 元

橡樹林文化 ❖❖ 蓮師文集系列 ❖❖ 書目

JA0001	空行法教	伊喜・措嘉佛母輯錄付藏	260元
JA0002	蓮師傳	伊喜・措嘉記錄撰寫	380元
JA0003	蓮師心要建言	艾瑞克・貝瑪・昆桑◎藏譯英	350元
JA0005	松嶺寶藏	蓮花生大士◎著	330元
JA0006	自然解脫	蓮花生大士◎著	400元
JA0008S	智慧之光一、二	根本文◎蓮花生大士 釋論◎蔣貢・康楚	799元
JA0009	障礙遍除：蓮師心要修持	蓮花生大士◎著	450元
JA0010	呼喚蓮花生： 祈求即滿願之蓮師祈請文集	卻札蔣措◎著	550元

橡樹林文化 ❖❖ 朝聖系列 ❖❖ 書目

JK0001	五台山與大圓滿：文殊道場朝聖指南	菩提洲◎著	500元
JK0002	蓮師在西藏：大藏區蓮師聖地巡禮	邱常梵◎著	700元
JK0003	觀音在西藏：遇見世間最美麗的佛菩薩	邱常梵◎著	700元
JK0004	朝聖尼泊爾：走入蓮師祕境努日	郭怡青◎著	450元
JK0005	蓮師在西藏2：大藏區蓮師聖地巡禮	邱常梵◎著	750元
JK0006	走過蓮師三大隱密聖境： 尼泊爾・基摩礱／錫金・哲孟雄／西藏・貝瑪貴	邱常梵◎著	720元

橡樹林文化 ❖❖ 圖解佛學系列 ❖❖ 書目

| JL0001 | 圖解西藏生死書 | 張宏實◎著 | 420元 |
| JL0002X | 圖解佛教八識 | 洪朝吉◎著 | 300元 |

橡樹林文化 ❖❖ 成就者傳紀系列 ❖❖ 書目

JS0001	惹瓊巴傳	堪千創古仁波切◎著	260 元
JS0002	曼達拉娃佛母傳	喇嘛卻南、桑傑・康卓◎英譯	350 元
JS0003	伊喜・措嘉佛母傳	嘉華・蔣秋、南開・寧波◎伏藏書錄	400 元
JS0004	無畏金剛智光： 怙主敦珠仁波切的生平與傳奇	堪布才旺・董嘉仁波切◎著	400 元
JS0006	帝洛巴傳	堪千創古仁波切◎著	260 元
JS0007	南懷瑾的最後 100 天	王國平◎著	380 元
JS0008	偉大的不丹傳奇・五大伏藏王之一 貝瑪林巴之生平與伏藏教法	貝瑪林巴◎取藏	450 元
JS0009	噶舉三祖師：馬爾巴傳	堪千創古仁波切◎著	300 元
JS0010	噶舉三祖師：密勒日巴傳	堪千創古仁波切◎著	280 元
JS0011	噶舉三祖師：岡波巴傳	堪千創古仁波切◎著	280 元
JS0012	法界遍智全知法王——龍欽巴傳	蔣巴・麥堪哲・史都爾◎著	380 元
JS0013	藏傳佛法最受歡迎的聖者—— 瘋聖竹巴袞列傳奇生平與道歌	格西札浦根敦仁欽◎藏文彙編	380 元
JS0014X	大成就者傳奇： 54 位密續大師的悟道故事	凱斯・道曼◎英譯	500 元
JS0015	證悟的流浪者—— 巴楚仁波切之生平與言教	馬修・李卡德◎英譯	580 元
JS0018S	我的淨土到了——多芒揚唐仁波切傳	卻札蔣措◎著	1200 元
JS0019	大伏藏師——秋吉林巴行傳	蓮花生大士、秋吉林巴、 蔣揚欽哲旺波、蔣貢康楚羅卓泰耶、 烏金督佳仁波切、帕秋仁波切◎著	650 元
JS0020	歪瓜：一代禪師鈴木俊隆的平凡與不凡	大衛・查德威克◎著	760 元

善知識系列　JB0136X

醫者慈悲心：對醫護者的佛法指引
Medicine and Compassion：A Tibetan Lama and an American Doctor on How to Provide Care with Compassion and Wisdom

作者	確吉・尼瑪仁波切（Chökyi Nyima Rinpoche）、 大衛・施林醫生（David R. Shlim M.D）
譯者	妙琳法師
責任編輯	徐煖宜
封面設計	周家瑤
內文排版	歐陽碧智
業務	顏宏紋
印刷	韋懋實業有限公司

發行人	何飛鵬
事業群總經理	謝至平
總編輯	張嘉芳
出版	橡樹林文化 115 台北市南港區昆陽街 16 號 4 樓 電話：886-2-2500-0888 #2737　傳眞：886-2-2500-1951
發行	英屬蓋曼群島商家庭傳媒股份有限公司城邦分公司 115 台北市南港區昆陽街 16 號 8 樓 客服專線：02-2500-7718；02-2500-7719 24 小時傳眞專線：02-25001990；02-25001991 服務時間：週一至週五上午 09:30-12:00；下午 13:30-17:00 劃撥帳號：19863813　戶名：書虫股份有限公司 讀者服務信箱：service@readingclub.com.tw 城邦網址：http://www.cite.com.tw
香港發行所	城邦（香港）出版集團有限公司 香港九龍土瓜灣土瓜灣道 86 號順聯工業大廈 6 樓 A 室 電話：852-25086231　傳眞：852-25789337 電子信箱：hkcite@biznetvigator.com
馬新發行所	城邦（馬新）出版集團 Cité（M）Sdn. Bhd.（458372U） 41, Jalan Radin Anum, Bandar Baru Seri Petaling, 57000 Kuala Lumpur, Malaysia. 電話：+6(03)-90563833　傳眞：+6(03)-90576622 電子信箱：services@cite.my

初版一刷：2019 年 12 月
二版一刷：2024 年 5 月
ISBN：978-626-7219-90-4（紙本書）
ISBN：978-626-7219-87-4（EPUB）
售價：350 元

城邦讀書花園
www.cite.com.tw

國家圖書館出版品預行編目（CIP）資料

醫者慈悲心：對醫護者的佛法指引 / 確吉・尼瑪仁波切
（Chökyi Nyima Rinpoche），大衛・施林（David R.
Shlim）著；妙琳法師譯. -- 二版. -- 臺北市：橡樹林
文化、城邦文化事業股份有限公司出版：英屬蓋曼群
島商家庭傳媒股份有限公司城邦分公司發行，2024.05
　面；　公分. --（善知識；JB0136X）
譯自：Medicine and compassion : a Tibetan Lama
and an American doctor on how to provide
care with compassion & wisdom
ISBN 978-626-7219-90-4（平裝）

1.CST：藏傳佛教　2.CST：佛教修持

226.965　　　　　　　　　　　112022085

處理佛書的方式

佛書內含佛陀的法教，能令我們免於投生惡道，並且為我們指出解脫之道。因此，我們應當對佛書恭敬，不將它放置於地上、座位或是走道上，也不應跨過。搬運佛書時，要妥善地包好、保護好。放置佛書時，應放在乾淨的高處，與其他一般的物品區分開來。

若是需要處理掉不用的佛書，就必須小心謹慎地將它們燒掉，而不是丟棄在垃圾堆當中。焚燒佛書前，最好先唸一段祈願文或是咒語，例如唵（OM）、啊（AH）、吽（HUNG），然後觀想被焚燒的佛書中的文字融入「啊」字，接著「啊」字融入你自身，之後才開始焚燒。

這些處理方式也同樣適用於佛教藝術品，以及其他宗教教法的文字記錄與藝術品。

ཨི་གི་ཉེ་ཤུ་རྩ་དྲུག་པ་འདི་དཔེ་ཆའི་ནང་དུ་བཞག་ན་དཔེ་ཆ་དེ་ཅི་འདར
བརྒལ་མས་ཀྱང་ཉེས་པ་མི་འབྱུང་བར་འཛད་པ་ལ་རྒྱུད་ལས་གསུངས་སོ། །

此咒置經書中　可滅誤跨之罪

填寫本書線上回函